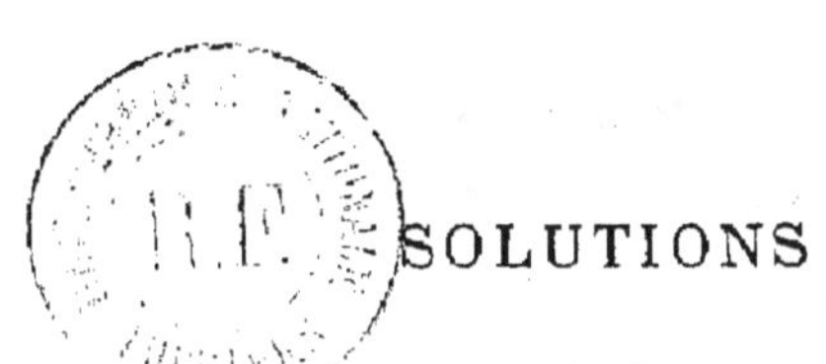

# SOLUTIONS

DES

# EXERCICES ET PROBLÈMES

DU

## COURS ÉLÉMENTAIRE D'ARITHMÉTIQUE

Tout exemplaire qui ne sera pas revêtu des trois signatures ci-dessous sera réputé contrefait.

Les Éditeurs,



Livre. Tableau, format in-plano.
Syllabaire, in—18.
Premier livre de Lecture, in-18.
Syllabaire et Premier Livre, in-18.
Vie de N.-S. Jésus-Christ, in-18.
Devoirs du Chrétien, in-12.
Lectures courantes, in-12.
* Lectures instructives (manuscrit), in-12.
Abrégé de Grammaire, in—18.
Grammaire française, in-12.
Cours élém. d'Orthographe, in-12.
* Cours intermédiaire d'Orthographe, in-12.
* Cours d'Analyse, in-12.
* Exercices orthographiques, 2 v. in-12.
* Leçons de Langue française : Cours préparatoire, élémentaire, moyen, supérieur, 4 vol. in-12.
Petite Histoire sainte, in-18.
Cours moyen d'Histoire sainte, in-16.
Cours supérieur d'Hist. sainte, in-12.
Histoire sainte et de France, in-18.
Histoire sainte et de France, in-12.
Histoire de France : Cours élémentaire, moyen, supérieur, 3 volumes (in-18, in-16, in-12).
Chronologie de l'Hist. de France, in-12.
45 Leçons de Géographie, in-12.
Petite Géographie, in-18.
Géographie : Cours élément., moyen, supérieur, 3 v. (in-18, in-16, in-12).
Atlas A, de 8 cartes, in-8°.

Atlas B, C, D, E, in-4°, contenant : 8, 14, 30, 36 cartes.
Petite Arithmétique, in-18.
Abrégé d'Arithmétique, in-18.
* Exercices de Calcul, in-18.
* Recueil de Problèmes, in-18.
* Petit Système métrique, in-18.
* Les Fractions, in-18.
* Traité d'Arithmétique décim., in-12.
Réponses aux Probl. du Traité, in-12.
* Arithmétique, cours élém., in-18.
* Arithmétique, Cours moyen, in-16.
* Arithmétique, Cours supér., in-12.
* Recueil de Problèmes, in-12.
Extrait de la Géométrie, in-18.
* Géométrie, Cours supérieur, in-12.
Manuel d'Arpentage, in-12.
Petit Questionnaire, in-18.
Manuel des commençants, in-18.
* Cours élém., Tenue des Livres, in-12.
* Éléments de Comptabilité, in-12.
Chants pieux (texte), in-18.
Les mêmes, avec musique, in-18.
Éléments d'Arithmétique, d'Algèbre, de Géométrie, de Trigonométrie, d'Arpentage, de Géométrie descriptive, de Cosmographie, de Mécanique, 8 vol. in-12.
Tables de Logarithmes, in-12.
Exercices (maître) d'Arithmétique, d'Algèbre, de Géométrie, de Trigonométrie, de Géométrie decriptive, de Mécanique, 6 vol. in-12.

**Nota :** Aux ouvrages marqués * correspond un Livre du Maître.

ENSEIGNEMENT PRIMAIRE

LIVRES CLASSIQUES RÉDIGÉS EN TROIS COURS GRADUÉS
POUR CHAQUE SÉRIE DU PROGRAMME OFFICIEL

# SOLUTIONS

DES

# EXERCICES ET PROBLÈMES

DU

## COURS ÉLÉMENTAIRE D'ARITHMÉTIQUE

PAR F. J. J.

CHEZ LES ÉDITEURS

| TOURS | PARIS |
|---|---|
| ALFRED MAME ET FILS | POUSSIELGUE FRÈRES |
| Imprimeurs - Libraires | Rue Cassette, 15 |

# EXERCICES SUR LA NUMÉRATION

Les trente-deux premiers exercices étant purement oraux, nous ous abstenons d'en donner les réponses.

## Nombres à écrire en chiffres.

**33.** *Deux, cinq, trois, neuf, quatre, huit, six, sept, dix.*
**Rép.** 2, 5, 3, 9, 4, 8, 6, 7, 10.

**34.** *Douze, onze, quinze, seize, dix-huit, treize, dix-sept, ix-neuf, quatorze, vingt.*
**Rép.** 12, 11, 15, 16, 18, 13, 17, 19, 14, 20.

Il n'y a aucun avantage à donner les réponses des exercices de 5 à 38, pas plus que celles des exercices de 40 à 46.

**39.** Écrire les nombres *vingt-cinq, trente-sept, quarante, cinuante-trois, soixante-cinq, soixante-dix-sept, quatre-vingt-cinq, uatre-vingt-dix-huit.*
**Rép.** 25, 37, 40, 53, 65, 77, 85, 98.

**47.** Écrire les nombres suivants : *Cent huit, trois cent neuf, nq cent soixante-douze, huit cent vingt-trois, neuf cent neuf.*
**Rép.** 108, 309, 572, 823, 909.

**48.** *Mille trois cents, deux mille quatre cent quatre-vingt-eux, quatre mille quatre, cinq mille vingt-neuf.*
**Rép.** 1 300, 2 482, 4 004, 5 029.

**49.** *Mille huit cent quatre-vingt-cinq, deux mille six cent uatre-vingt-douze, huit mille quarante-sept.*
**Rép.** 1 885, 2 692, 8 047.

**50.** *Cinq mille six cent trois, neuf mille huit cents, dix mille pt cent quarante-cinq.*
**Rép.** 5 603, 9 800, 10 745.

**51.** *Douze mille huit cent trente-deux, quinze mille trois cent uinze, vingt mille un.*
**Rép.** 12 832, 15 315, 20 001.

**52.** *Trente-cinq mille cent quatre-vingt-douze, cinquante-huit mille trois cent dix-sept.*
**Rép.** 35 192, 58 317.

**53.** *Cent vingt-deux mille trois cent dix-neuf, cent mille quatre cent soixante-quinze.*
**Rép.** 122 319, 100 475.

**54.** *Six cent cinquante-quatre mille neuf cent soixante-onze, un million cinq cent dix-huit mille neuf, douze millions soixante-dix-sept mille six cent dix-huit.*
**Rép.** 654 971, 1 518 009, 12 077 618.

**55.** *Vingt-trois millions cent quarante-neuf mille huit cent quatre-vingt-quinze, treize millions douze mille onze.*
**Rép.** 23 149 895,   13 012 011.

**56.** *Trois unités cinq dixièmes, huit unités quinze centièmes, vingt unités six dixièmes, huit centièmes, douze millièmes.*
**Rép.** 3,5   8,15   20,6   0,08   0,012.

**57.** *Douze unités cinq dixièmes, vingt-cinq unités cent dix-neuf millièmes, quarante-deux centièmes, cent vingt-cinq millièmes.*
**Rép.** 12,5   25,119   0,42   0,125.

**58.** *Cinquante-deux unités trente-cinq centièmes, quatre-vingt-dix unités douze centièmes, cent vingt-huit unités quatre-vingt-quatorze millièmes, trois centièmes.*
**Rép.** 52,35   90,12   128,94   0,03.

**59.** *Cent douze unités vingt-quatre millièmes, deux cents unités dix centièmes, treize millièmes, huit cent six millièmes.*
**Rép.** 112,024   200,10   0,013   0,806.

**60.** *Trois cent trente-cinq unités cent quarante-sept millièmes, quatre cent quinze unités, huit cent quatre-vingt-dix-huit unités douze millièmes, quatre-vingt-cinq centièmes, cent quarante-huit millièmes, vingt-neuf millièmes.*
**Rép.** 335,147   415   898,012   0,85   0,148   0,029.

# EXERCICES SUR L'ADDITION

Les exercices de 61 à 68 sont oraux; nous n'en donnons pas les réponses.

## Effectuer les additions suivantes :

| | | | | | | | |
|---|---|---|---|---|---|---|---|
| **69.** | 412 + 275 | Rép. | 687. | **92.** | 763 + 129 | Rép. | 892. |
| **70.** | 643 + 234 | « | 877. | **93.** | 435 + 458 | « | 893. |
| **71.** | 544 + 345 | « | 889. | **94.** | 575 + 415 | « | 990. |
| **72.** | 517 + 421 | « | 938. | **95.** | 807 + 186 | « | 993. |
| **73.** | 715 + 233 | « | 948. | **96.** | 347 + 528 | « | 875. |
| **74.** | 254 + 613 | « | 867. | **97.** | 545 + 449 | « | 994. |
| **75.** | 148 + 751 | « | 899. | **98.** | 476 + 318 | « | 794. |
| **76.** | 564 + 334 | « | 898. | **99.** | 345 + 458 | « | 803. |
| **77.** | 226 + 450 | « | 676. | **100.** | 628 + 187 | « | 815. |
| **78.** | 524 + 375 | « | 899. | **101.** | 349 + 258 | « | 607. |
| **79.** | 745 + 254 | « | 999. | **102.** | 218 + 697 | « | 915. |
| **80.** | 795 + 203 | « | 998. | **103.** | 347 + 596 | « | 943. |
| **81.** | 632 + 243 | « | 875. | **104.** | 197 + 658 | « | 855. |
| **82.** | 423 + 566 | « | 989. | **105.** | 209 + 697 | « | 906. |
| **83.** | 245 + 723 | « | 968. | **106.** | 395 + 475 | « | 870. |
| **84.** | 426 + 457 | « | 883. | **107.** | 627 + 278 | « | 905. |
| **85.** | 587 + 206 | « | 793. | **108.** | 542 + 177 | « | 719. |
| **86.** | 648 + 239 | « | 887. | **109.** | 813 + 697 | « | 1 510. |
| **87.** | 557 + 228 | « | 785. | **110.** | 426 + 888 | « | 1 314. |
| **88.** | 423 + 569 | « | 992. | **111.** | 316 + 898 | « | 1 214. |
| **89.** | 456 + 244 | « | 700. | **112.** | 498 + 677 | « | 1 175. |
| **90.** | 789 + 109 | « | 898. | **113.** | 575 + 785 | « | 1 360. |
| **91.** | 647 + 235 | « | 882. | | | | |

| | | | |
|---|---|---|---|
| **114.** | 348 + 175 + 212 | Rép. | 735. |
| **115.** | 513 + 643 + 235 | « | 1 391. |
| **116.** | 728 + 695 + 413 | « | 1 836. |
| **117.** | 537 + 702 + 295 | « | 1 534. |
| **118.** | 718 + 643 + 592 | « | 1 953. |

**119.** $147 + 295 + 378$      Rép.      820.
**120.** $342 + 575 + 792$      «      1 709.
**121.** $717 + 691 + 906$      «      2 314.
**122.** $314 + 928 + 797$      «      2 039.
**123.** $716 + 875 + 943$      «      2 534.
**124.** $624 + 329 + 697$      «      1 650.
**125.** $817 + 792 + 276$      «      1 885.
**126.** $592 + 639 + 428$      «      1 659.
**127.** $477 + 871 + 904$      «      2 252.
**128.** $674 + 797 + 343$      «      1 814.
**129.** $363 + 575 + 686$      «      1 624.
**130.** $974 + 876 + 548$      «      2 398.
**131.** $123 + 456 + 789$      «      1 368.
**132.** $134 + 567 + 891$      «      1 592.
**133.** $143 + 212 + 315 + 426$      «      1 096.
**134.** $987 + 654 + 321 + 98$      «      2 060.
**135.** $765 + 432 + 109 + 876$      «      2 182.
**136.** $543 + 210 + 987 + 396$      «      2 136.
**137.** $135 + 791 + 357 + 913$      «      2 196.
**138.** $96 + 192 + 353 + 497 + 320$      «      1 458.
**139.** $908 + 716 + 605 + 428 + 103$      «      2 760.
**140.** $109 + 290 + 376 + 497 + 77$      «      1 349.
**141.** $817 + 926 + 305 + 429 + 96$      «      2 573.
**142.** $918 + 827 + 75 + 603 + 37$      «      2 460.
**143.** $785 + 307 + 418 + 545 + 125 + 208$      «      2 388.
**144.** $74 + 527 + 604 + 717 + 624 + 475$      «      3 021.
**145.** $272 + 693 + 984 + 760 + 301 + 139$      «      3 149.
**146.** $520 + 771 + 809 + 672 + 403 + 158$      «      3 333.
**147.** $713 + 607 + 427 + 318 + 506 + 617$      «      3 188.

**148.** $5,25 + 3,75 + 6,20 + 5,60$      «      20,80.
**149.** $14,05 + 6,70 + 19,25 + 8,45$      «      48,45.
**150.** $29,40 + 13,80 + 24,95 + 32,50$      «      100,65.
**151.** $86,25 + 94,18 + 75,70 + 48,75$      «      304,88.
**152.** $76,29 + 19,74 + 51,48 + 54,05$      «      201,56.
**153.** $154,6 + 702,25 + 49,72 + 34,25$      «      940,82.
**154.** $715,25 + 32,74 + 801,97 + 18,70$      «      1 568,66.
**155.** $49,77 + 51,33 + 28,44 + 48,35$      «      177,89.
**156.** $805,49 + 8,25 + 24,75 + 45,55$      «      884,04.
**157.** $775,8 + 16,508 + 91,492 + 58,65$      «      942,45.

| | | | | | | | |
|---|---|---|---|---|---|---|---|
| **158.** | 6,45 + | 7,21 + | 8,42 + | 7,65 + 16,25 | **Rép.** | 45,98. |
| **159.** | 8,56 + | 16,32 + | 18,54 + | 17,15 + 12,40 | « | 72,97. |
| **160.** | 7,15 + | 54,05 + | 18,36 + | 64,95 + 28,05 | « | 172,56. |
| **161.** | 9,25 + | 101,95 + | 8,75 + | 17,24 + 95,35 | « | 232,54. |
| **162.** | 3,75 + | 58,17 + | 47,32 + | 104,19 + 72,55 | « | 285,98. |

## Problèmes sur l'addition.

**163.** *Louis a 17 plumes dans une boîte et 25 dans une autre : combien a-t-il de plumes en tout ?*

Le nombre de plumes est 17 + 25.

**Rép.** 42 plumes.

**164.** *Le mois de janvier a 31 jours, le mois de février 28 et le mois de mars 31 jours : combien ces trois mois ont-ils de jours ?*

Le nombre de jours est 31 + 28 + 31.

**Rép.** 90 jours.

**165.** *Paul a 18 ans : quel âge aura-t-il dans 25 ans ?*

Son âge sera 18 + 25.

**Rép.** 43 ans.

**166.** *Louis XIV, roi de France, est monté sur le trône en 1643, il est mort après 72 ans de règne : quelle a été l'année de sa mort ?*

L'année de sa mort a été 1643 + 72.

**Rép.** 1715.

**167.** *Un entrepreneur reçoit deux voitures de plâtre ; la première contient 87 sacs et la seconde 79 : combien a-t-il reçu de sacs ?*

Il a reçu 87 + 79.

**Rép.** 166 sacs.

**168.** *Quel est le prix de deux chevaux, sachant que l'un vaut 1 235 fr. et l'autre 985 francs ?*

Le prix est 1 235 + 985.

**Rép.** 2 220 francs.

**169.** *Un épicier paye 328 fr. pour un sac de café, 137 fr. pour un sac de poivre et 26 fr. pour un sac de riz : combien a-t-il déboursé en tout ?*

Il a déboursé 328 + 137 + 26.

**Rép.** 491 francs.

**170.** *La première classe d'une école a 35 élèves, la deuxième* en a 48 et la troisième 56 : quel est le nombre d'élèves de cette école ?

Ce nombre est 35 + 48 + 56.

**Rép.** 139 élèves.

**171.** *On demande le poids de 3 caisses, sachant que la première pèse 635 kilogr., la deuxième 593 kilogr. et la troisième 478 kilogrammes.*

Ce poids est 635 + 593 + 478.

**Rép.** 1 706 kilogrammes.

**172.** *Un boucher a acheté une vache 645 fr. et un bœuf qui vaut 277 fr. de plus : quel est le prix du bœuf ?*

Le prix du bœuf est 645 + 277.

**Rép.** 922 francs.

**173.** *Un fermier achète une voiture 672 fr., un cheval 490 fr. et les harnais du cheval 175 fr. : combien a-t-il dépensé en tout ?*

La dépense est 672 + 490 + 175.

**Rép.** 1 337 francs.

**174.** *Quelle est la contenance de 3 tonneaux, sachant que le premier contient 228 litres, le second 223 et le troisième 225 ?*

La contenance est 28 + 223 + 225.

**Rép.** 676 litres.

**175.** *Un propriétaire a acheté une maison 26 425 fr. : combien doit-il la revendre pour gagner 5 895 fr. ?*

Il doit la revendre 26 425 + 5 895.

**Rép.** 32 320 francs.

**176.** *On paye pour un sac de blé 35 fr. 65 cent., pour un sac de seigle 29 fr. 45 cent., pour un sac d'orge 27 fr. 70 cent. : combien a-t-on payé en tout ?*

On a payé 35,65 + 29,45 + 27,70.

**Rép.** 92 fr. 80 centimes.

**177.** *On met dans un sac 785 fr. en or, 496 fr. 50 cent. en argent et 17 fr. 80 cent. en monnaie de cuivre : quelle somme contient le sac ?*

Le sac contient 785 + 496,50 + 17,80.

**Rép.** 1 299 fr. 30 centimes.

**178.** *Un marchand achète une vieille armoire 95 fr. 25 cent., il y fait faire pour 18 fr. 50 cent. de réparations : combien doit-il la vendre pour gagner 17 francs ?*

Il doit la vendre 95,25 + 18,50 + 17.

**Rép.** 130 fr. 75 centimes.

# EXERCICES SUR LA SOUSTRACTION

Les exercices de 179 à 186 sont oraux.

## Effectuer les soustractions suivantes :

| | | | | | | | |
|---|---|---|---|---|---|---|---|
| **187.** | 954 — 323 | **Rép.** | 631. | **208.** | 375 — 192 | **Rép.** | 183. |
| **188.** | 697 — 352 | « | 345. | **209.** | 872 — 625 | « | 247. |
| **189.** | 739 — 618 | « | 121. | **210.** | 819 — 721 | « | 98. |
| **190.** | 843 — 722 | « | 121. | **211.** | 943 — 618 | « | 325. |
| **191.** | 397 — 182 | « | 215. | **212.** | 975 — 429 | « | 546. |
| **192.** | 918 — 713 | « | 205. | **213.** | 747 — 328 | « | 419. |
| **193.** | 548 — 523 | « | 25. | **214.** | 553 — 267 | « | 286. |
| **194.** | 198 — 72 | « | 126. | **215.** | 635 — 254 | « | 381. |
| **195.** | 275 — 124 | « | 151. | **216.** | 826 — 149 | « | 677. |
| **196.** | 879 — 613 | « | 266. | **217.** | 651 — 378 | « | 273. |
| **197.** | 978 — 224 | « | 754. | **218.** | 225 — 97 | « | 128. |
| **198.** | 789 — 333 | « | 456. | **219.** | 803 — 618 | « | 185. |
| **199.** | 675 — 171 | « | 504. | **220.** | 774 — 190 | « | 584. |
| **200.** | 756 — 642 | « | 114. | **221.** | 375 — 198 | « | 177. |
| **201.** | 567 — 125 | « | 442. | **222.** | 810 — 325 | « | 485. |
| **202.** | 765 — 215 | « | 550. | **223.** | 925 — 698 | « | 227. |
| **203.** | 918 — 113 | « | 805. | **224.** | 802 — 708 | « | 94. |
| **204.** | 819 — 311 | « | 508. | **225.** | 627 — 198 | « | 429. |
| **205.** | 540 — 310 | « | 230. | **226.** | 325 — 287 | « | 38. |
| **206.** | 497 — 145 | « | 352. | **227.** | 492 — 325 | « | 167. |
| **207.** | 719 — 348 | « | 371. | **228.** | 918 — 682 | « | 236. |

| | | | | |
|---|---|---|---|---|
| **229.** | 2 908 — 1 839 | **Rép.** | 1 069. |
| **230.** | 5 075 — 4 278 | « | 797. |
| **231.** | 7 419 — 7 278 | « | 141. |
| **232.** | 3 072 — 1 643 | « | 1 429. |
| **233.** | 2 225 — 1 639 | « | 586. |
| **234.** | 1 625 — 992 | « | 633. |
| **235.** | 6 077 — 3 092 | « | 2 985. |

| 236. | 2 341 — 1 436 | Rép. | 905. |
|---|---|---|---|
| 237. | 18 705 — 9 648 | « | 9 057. |
| 238. | 20 732 — 18 695 | « | 2 037. |
| 239. | 34 072 — 27 237 | « | 6 835. |
| 240. | 41 200 — 40 325 | « | 875. |
| 241. | 54 321 — 12 345 | « | 41 976. |
| 242. | 67 890 — 61 991 | « | 5 899. |
| 243. | 80 735 — 75 648 | « | 5 087. |
| 244. | 92 704 — 87 358 | « | 5 346. |
| 245. | 19 625 — 8 941 | « | 10 684. |
| 246. | 37 092 — 29 486 | « | 7 606. |
| 247. | 7 845 — 1 872 | « | 5 973. |
| 248. | 7,92 — 6,85 | « | 1,07. |
| 249. | 12,74 — 9,28 | « | 3,46. |
| 250. | 18,25 — 13,76 | « | 4,49. |
| 251. | 9,40 — 8,75 | « | 0,65. |
| 252. | 16,24 — 9,95 | « | 6,29. |
| 253. | 3,75 — 1,96 | « | 1,79. |
| 254. | 18,15 — 17,75 | « | 0,40. |
| 255. | 39,25 — 9,75 | « | 29,50. |
| 256. | 74,05 — 38,74 | « | 35,31. |
| 257. | 3,148 — 1,695 | « | 1,453. |
| 258. | 12,025 — 9,406 | « | 2,619. |
| 259. | 28,406 — 25,975 | « | 2,431. |
| 260. | 9,48 — 3,745 | « | 5,735. |
| 261. | 16,25 — 9,628 | « | 6,622. |
| 262. | 49,5 — 29,751 | « | 19,749. |
| 263. | 426,25 — 375,148 | « | 51,102. |
| 264. | 308,745 — 79,48 | « | 229,265. |
| 265. | 1 000,851 — 916,95 | « | 83,901. |
| 266. | 916,15 — 875,45 | « | 40,70. |

# Problèmes sur l'addition et la soustraction.

## I° Problèmes que l'élève doit résoudre mentalement.

**267.** *Louis a reçu une pièce de 5 fr. pour payer un livre de 3 fr. : que doit-on lui rendre ?*

On doit lui rendre 5 — 3.

**Rép.** 2 francs.

**268**. *L'homme adulte a 32 dents, l'enfant n'en a que 20 : combien l'homme adulte a-t-il de dents de plus que l'enfant ?*

L'homme a de plus 32 — 20.

**Rép.** 12 dents.

**269**. *Paul avait 15 fr., on lui donne 8 fr. : quelle somme a-t-il ?*

Il a 15 + 8.

**Rép.** 23 francs.

**270**. *Le mois de janvier a 31 jours, le mois de février n'en a que 28 : combien le mois de janvier a-t-il de jours de plus que le mois de février ?*

Il a de plus 31 — 28.

**Rép.** 3 jours.

**271**. *Un pantalon coûte 18 fr., un gilet coûte 11 fr. de moins : quel est le prix du gilet ?*

Le prix du gilet est 18 — 11.

**Rép.** 7 francs.

**272**. *Un gilet coûte 11 fr., un pantalon coûte 15 fr. de plus : quel est le prix du pantalon ?*

Le prix du pantalon est 11 + 15.

**Rép.** 26 francs.

**273**. *Auguste avait 24 lignes à étudier, il en sait 15 : combien en a-t-il encore à apprendre ?*

Il a encore à apprendre 24 — 15.

**Rép.** 9 lignes.

**274**. *Le pont de Bordeaux, sur la Garonne, a 17 arches; le pont Neuf, sur la Seine, en a 12 : combien ce dernier pont a-t-il d'arches de moins que le premier ?*

Il a de moins 17 — 12.

**Rép.** 5 arches.

**275**. *André a reçu une pièce de 10 fr. pour payer un cartable de 4 fr. et un livre de 3 fr. : quelle somme doit-on lui rendre ?*

André a à payer 4 + 3 ou 7 francs.
On doit donc lui rendre 10 — 7.

**Rép.** 3 francs.

**276**. *L'homme, en France, est majeur à 21 ans ; Antoine a 12 ans : dans combien d'années sera-t-il majeur ?*

Antoine sera majeur dans 21 — 12.

**Rép.** 9 ans.

**277.** *L'homme est majeur à 21 ans, Octave sera majeur dans 8 ans : quel est l'âge d'Octave ?*

L'âge d'Octave est 21 — 8.

**Rép.** 13 ans.

**278.** *Une bouteille pleine de vin coûte 75 centimes, la bouteille vide vaut 25 centimes : quelle est la valeur du vin ?*

La valeur du vin est 75 — 25.

**Rép.** 50 centimes.

**279.** *Un meuble ancien coûte 25 fr., on y fait pour 8 fr. de réparations et l'on veut gagner 6 fr. : combien doit-on le vendre ?*

On doit le vendre 25 + 8 + 6.

**Rép.** 39 francs.

**280.** *Combien une pièce de 20 fr. en or vaut-elle de plus qu'une pièce de 5 francs ?*

Elle vaut de plus 20 — 5.

**Rép.** 15 francs.

**281.** *Un franc vaut 100 centimes ; que manque-t-il à 75 cent. pour faire un franc ?*

Il manque 100 — 75.

**Rép.** 25 centimes.

**282.** *Jules avait une pièce de 20 fr., il achète un perroquet qui vaut 9 fr. et une cage qui coûte 7 fr. : quelle somme lui reste-t-il ?*

Jules dépense 9 + 7, ou 16 francs.
Il lui reste donc 20 — 16.

**Rép.** 4 francs.

**283.** *Un siècle a 100 ans : combien manque-t-il d'années à un vieillard de 83 ans pour avoir vécu un siècle ?*

Il manque au vieillard 100 — 83.

**Rép.** 17 ans.

**284.** *Quel est le prix total de 2 moutons, sachant que l'un coûte 24 fr. et que l'autre coûte 4 fr. de moins ?*

Le second mouton coûte 24 — 4 ou 20 francs.
Le prix total est donc 24 + 20.

**Rép.** 44 francs.


2° Problèmes à résoudre par écrit.

**285.** *Étienne a 13 ans, sa sœur en a 11 et son frère 15 : quelle est la somme des trois âges ?*

La somme est 13 + 11 + 15.

**Rép.** 39 ans.

**286**. *Louis XV, roi de France, est mort en 1774, il était monté sur le trône en 1715 : pendant combien d'années a-t-il régné ?*

Louis XV a régné pendant 1774 — 1715.

**Rép.** 59 ans.

**287**. *Une maison a été achetée 18 790 fr., on l'a revendue 24 355 fr. : combien a-t-on gagné ?*

On a gagné 24 355 — 18 790.

**Rép.** 5 565 francs.

**288**. *Un cultivateur a récolté 3 520 gerbes ; il en a battu d'abord 1 280, puis 1 550 : combien en a-t-il encore à battre ?*

Il a battu 1 280 + 1 550, soit 2 830 gerbes ;
Il a encore à battre 3 520 — 2 830.

**Rép.** 690 gerbes.

**289**. *De Paris à Lyon il y a 512 kilomètres ; un voyageur a déjà fait 385 kilomètres : combien en a-t-il encore à faire ?*

Il a encore à faire 512 — 385.

**Rép.** 127 kilomètres.

**290**. *De Paris à Lyon il y a 512 kilomètres : combien un voyageur a-t-il parcouru de kilomètres s'il en a encore 277 à parcourir ?*

Il a à parcourir 512 — 277.

**Rép.** 235 kilomètres.

**291**. *Ambroise avait 15 fr. lorsque sa maman lui donna 12 fr. ; alors il achète un fusil qui lui coûte 18 fr. : que lui reste-t-il ?*

Ambroise avait 15 + 12, soit 27 francs.
Il lui reste 27 — 18.

**Rép.** 9 francs.

**292**. *Un marchand a acheté 10 000 oranges, on lui en a livré 5 426 : combien lui en doit-on encore ?*

On lui doit 10 000 — 5 426.

**Rép.** 4 574 oranges.

**293**. *Un tonneau contenait 220 litres de vin, on en a retiré 105 litres, puis 70 litres, puis 18 litres : combien en reste-t-il encore ?*

On a retiré 105 + 70 + 18 ou 193 litres.
Il reste encore 220 — 193.

**Rép.** 27 litres.

**294**. *Un épicier avait 84 kilogrammes de sucre lorsqu'il en* reçoit 100 *kilogrammes ; alors il en vend* 116 *kilogr. : combien en a-t-il encore ?*

L'épicier avait 84 + 100 ou 184 kilogrammes.
Il lui reste 184 — 116.

**Rép.** 68 kilogrammes.

**295.** *Émile reçoit* 20 *fr. pour payer un livre qui coûte* 3 *fr. et une boîte de dessin qui vaut* 12 *fr.* 75 : *quelle somme devra-t-il rendre à sa mère ?*

Émile avait à payer 3 + 12,75 ou 15 fr. 75.
Il devra rendre 20 — 15,75.

**Rép.** 4 fr. 25 centimes.

**296.** *Une fontaine donne* 4 850 *litres d'eau par jour, une autre ne donne que* 3 945 *litres dans le même temps : combien la première donne-t-elle de litres de plus que la seconde ?*

La première donne de plus 4 850 — 3 945.

**Rép.** 905 litres.

**297.** *Une école a* 3 *classes : la première compte* 35 *élèves, la deuxième* 64, *et la troisième* 86 : *quel est le nombre d'élèves de cette école ?*

Le nombre total est 35 + 64 + 86.

**Rép.** 185 élèves.

**298.** *Une école de* 4 *classes compte* 310 *élèves : la première en a* 51, *la seconde* 67, *la troisième* 88 : *quel est le nombre d'élèves de la quatrième ?*

Les trois premières classes ont 51 + 67 + 88, ou 206 élèves ;
La quatrième aura 310 — 206.

**Rép.** 104 élèves.

**299.** *Quelle somme doit-on débourser pour payer une table de* 16 *fr.* 25, *une armoire de* 24 *fr.* 75 *et un fauteuil de* 18 *fr.* 50?

On a à débourser 16,25 + 24,75 + 18,50.

**Rép.** 59 fr. 50.

**300.** *Un négociant achète* 980 *kilogrammes de café, on lui livre trois sacs qui pèsent, le premier* 125 *kilogr., le second* 138 *kilogr., et le troisième* 128 *kilogr. : combien doit-on encore lui livrer de kilogrammes ?*

On lui a livré 125 + 138 + 128, soit 391 kilogrammes.
On lui doit encore livrer 980 — 391.

**Rép.** 589 kilogrammes.

**301.** *Dans une bourse il y avait* 18 *fr.* 50, *on en a retiré* 12 *fr., puis on y a mis* 20 *fr.* 75 : *quelle somme y a-t-il alors dans la bourse ?*

Il reste dans la bourse 18,50 — 12 ou 6 fr. 50.

Il y a enfin 6,50 + 20,75.

**Rép.** 27 fr. 25.

**302.** *Une famille a reçu 28 fr. 50 pour le travail de la se-*
*maine, et elle a dépensé pour 3 fr. 25 de pain, pour 6 fr. 50 de*
*viande, et pour 9 fr. d'autres provisions : quelle somme reste-t-il?*

Les dépenses sont 3,25 + 6,50 + 9, soit 18 fr. 75.
Il reste encore 28,50 — 18,75.

**Rép.** 9 fr. 75.

**303.** *Que reste-t-il à un ouvrier qui vient de recevoir 180 fr.*
*pour un mois de travail, s'il a dépensé 48 fr. pour sa nourri-*
*ture, 20 fr. pour son loyer, 45 fr. 60 pour son habillement, et*
*pour divers frais 17 fr. 45?*

L'ouvrier a dépensé 48 + 20 + 45,60 + 17,45, soit 131 fr. 05.
Il lui reste 180 — 131,05.

**Rép.** 48 fr. 95.

**304.** *Un marchand a reçu dans une journée les sommes*
*suivantes : 3 fr. 75, 8 fr. 50, 2 fr. 80, 5 fr., 7 fr. 60, et il a dé-*
*boursé une fois 6 fr. 30, et une autre fois 9 fr. 35 : que lui*
*reste-t-il?*

Recettes 3,75 + 8,50 + 2,80 + 5 + 7,60 ou 27 fr. 65.
Dépenses 6,30 + 9,35, soit 15 fr. 65.
Reste 27,65 — 15,65.

**Rép.** 12 francs.

---

# EXERCICES SUR LA MULTIPLICATION

---

## Effectuer les multiplications suivantes :

| | | | | | | | |
|---|---|---|---|---|---|---|---|
| **305.** | 24 × 42 | **Rép.** | 1 008. | **311.** | 48 × 97 | **Rép.** | 4 656. |
| **306.** | 47 × 53 | « | 2 491. | **312.** | 98 × 49 | « | 4 802. |
| **307.** | 68 × 75 | « | 5 100. | **313.** | 76 × 56 | « | 4 256. |
| **308.** | 59 × 38 | « | 2 242. | **314.** | 95 × 67 | « | 6 365. |
| **309.** | 94 × 79 | « | 7 426. | **315.** | 125 × 43 | « | 5 375. |
| **310.** | 75 × 68 | « | 5 100. | **316.** | 508 × 54 | « | 27 432. |

| | | | | | | | |
|---|---|---|---|---|---|---|---|
| **317.** | $723 \times 68$ | **Rép.** | 49 164. | **326.** | $243 \times 527$ | **Rép.** | 128 061. |
| **318.** | $935 \times 74$ | « | 69 190. | **327.** | $198 \times 306$ | « | 59 976. |
| **319.** | $627 \times 56$ | « | 35 112. | **328.** | $457 \times 149$ | « | 68 093. |
| **320.** | $438 \times 67$ | « | 29 346. | **329.** | $568 \times 97$ | « | 55 096. |
| **321.** | $908 \times 96$ | « | 87 168. | **330.** | $747 \times 405$ | « | 302 535. |
| **322.** | $297 \times 69$ | « | 20 493. | **331.** | $694 \times 340$ | « | 235 960. |
| **323.** | $709 \times 78$ | « | 55 302. | **332.** | $975 \times 408$ | « | 397 800. |
| **324.** | $376 \times 89$ | « | 33 464. | **333.** | $809 \times 647$ | « | 523 423. |
| **325.** | $349 \times 632$ | « | 220 568. | **334.** | $678 \times 987$ | « | 669 186. |

| | | | |
|---|---|---|---|
| **335.** | $3\,214 \times 58$ | **Rép.** | 186 412. |
| **336.** | $9\,604 \times 123$ | « | 1 181 292. |
| **337.** | $8\,975 \times 340$ | « | 3 051 500. |
| **338.** | $4\,396 \times 354$ | « | 1 556 184. |
| **339.** | $6\,078 \times 970$ | « | 5 895 660. |
| **340.** | $3\,875 \times 425$ | « | 1 646 875. |
| **341.** | $8\,375 \times 605$ | « | 5 066 875. |
| **342.** | $4\,307 \times 96$ | « | 413 472. |
| **343.** | $7\,625 \times 328$ | « | 2 501 000. |
| **344.** | $5\,632 \times 429$ | « | 2 416 128. |
| **345.** | $9\,435 \times 743$ | « | 7 010 205. |
| **346.** | $8\,765 \times 432$ | « | 3 786 480. |
| **347.** | $8\,723 \times 549$ | « | 4 788 927. |
| **348.** | $3\,257 \times 496$ | « | 1 615 472. |
| **349.** | $7\,497 \times 548$ | « | 4 108 356. |
| **350.** | $7\,538 \times 778$ | « | 5 864 564. |
| **351.** | $9\,630 \times 745$ | « | 7 174 350. |
| **352.** | $2\,968 \times 345$ | « | 1 023 960. |
| **353.** | $7\,420 \times 456$ | « | 3 383 520. |
| **354.** | $4\,798 \times 567$ | « | 2 720 466. |
| **355.** | $3\,974 \times 678$ | « | 2 694 372. |
| **356.** | $9\,638 \times 789$ | « | 7 604 382. |
| **357.** | $8\,329 \times 945$ | « | 7 870 905. |
| **358.** | $6\,327 \times 497$ | « | 3 144 519. |
| **359.** | $9\,409 \times 728$ | « | 6 849 752. |
| **360.** | $6\,548 \times 967$ | « | 6 331 916. |
| **361.** | $9\,632 \times 548$ | « | 5 278 336. |
| **362.** | $2\,863 \times 752$ | « | 2 152 976. |
| **363.** | $3\,549 \times 647$ | « | 2 296 203. |
| **364.** | $2\,987 \times 782$ | « | 2 335 834. |

| | | | |
|---|---|---|---|
| **365.** | $3\,907 \times 809$ | **Rép.** | $3\,160\,763.$ |
| **366.** | $5\,637 \times 947$ | « | $5\,338\,239.$ |
| **367.** | $7\,725 \times 918$ | « | $7\,091\,550.$ |
| **368.** | $6\,839 \times 493$ | « | $3\,371\,627.$ |
| **369.** | $2\,794 \times 637$ | « | $1\,779\,778.$ |
| **370.** | $8\,396 \times 594$ | « | $4\,987\,224.$ |
| **371.** | $5\,490 \times 784$ | « | $4\,304\,160.$ |
| **372.** | $9\,798 \times 629$ | « | $6\,162\,942.$ |
| **373.** | $8\,487 \times 796$ | « | $6\,755\,652.$ |
| **374.** | $7\,659 \times 989$ | « | $7\,574\,751.$ |
| **375.** | $83\,706 \times 345$ | « | $28\,878\,570.$ |
| **376.** | $13\,948 \times 798$ | « | $11\,130\,504.$ |
| **377.** | $24\,097 \times 345$ | « | $8\,313\,465.$ |
| **378.** | $38\,409 \times 539$ | « | $20\,702\,451.$ |
| **379.** | $77\,890 \times 795$ | « | $61\,922\,550.$ |
| **380.** | $56\,976 \times 638$ | « | $36\,350\,688.$ |
| **381.** | $40\,740 \times 375$ | « | $15\,277\,500.$ |
| **382.** | $75\,320 \times 578$ | « | $43\,534\,960.$ |
| **383.** | $32\,954 \times 843$ | « | $27\,780\,222.$ |
| **384.** | $17\,679 \times 981$ | « | $17\,343\,099.$ |
| **385.** | $25\,075 \times 1\,032$ | « | $25\,877\,400.$ |
| **386.** | $32\,425 \times 3\,407$ | « | $110\,471\,975.$ |
| **387.** | $24\,932 \times 5\,690$ | « | $141\,863\,080.$ |
| **388.** | $75\,907 \times 4\,806$ | « | $364\,809\,042.$ |
| **389.** | $19\,975 \times 5\,840$ | « | $116\,654\,000.$ |
| **390.** | $27\,078 \times 6\,975$ | « | $188\,869\,050.$ |
| **391.** | $39\,490 \times 7\,968$ | « | $314\,656\,320.$ |
| **392.** | $42\,359 \times 3\,845$ | « | $162\,870\,355.$ |
| **393.** | $76\,495 \times 2\,357$ | « | $180\,298\,715.$ |
| **394.** | $58\,378 \times 5\,678$ | « | $331\,470\,284.$ |
| | | | |
| **395.** | $846 \times 3,7$ | « | $3\,130,2.$ |
| **396.** | $975 \times 74,8$ | « | $72\,930.$ |
| **397.** | $825 \times 85,9$ | « | $70\,867,5$ |
| **398.** | $748 \times 35,9$ | « | $26\,853,2$ |
| **399.** | $4,57 \times 78,5$ | « | $358,745.$ |
| **400.** | $342,5 \times 62,9$ | « | $21\,543,25.$ |
| **401.** | $849,6 \times 34,55$ | « | $29\,353,68.$ |
| **402.** | $728,8 \times 60,8$ | « | $44\,311,04.$ |
| **403.** | $975,7 \times 38,9$ | « | $37\,954,73.$ |

| | | | | |
|---|---|---|---|---|
| **404.** | 859,7 × 63,54 | **Rép.** | 54 625,338. |
| **405.** | 48,32 × 72,5 | « | 3 503,2. |
| **406.** | 162,05 × 47,6 | « | 7 713,58. |
| **407.** | 243,25 × 48,32 | « | 11 753,84. |
| **408.** | 3 964,2 × 6,28 | « | 24 895,176. |
| **409.** | 763,75 × 2,45 | « | 1 871,187 5. |
| **410.** | 133,48 × 3,25 | « | 433,81. |
| **411.** | 96,254 × 0,697 | « | 67,089 038. |
| **412.** | 30,196 × 807,3 | « | 24 377,230 8. |
| **413.** | 842,50 × 6,39 | « | 5 383,575. |
| **414.** | 7 420,8 × 0,637 | « | 4 727,049 6. |

# Problèmes sur l'addition, la soustraction et la multiplication.

### 1° Problèmes que l'élève doit résoudre mentalement.

**415.** *Un sou vaut 5 centimes : combien y a-t-il de centimes dans 3 sous, dans 6 sous, dans 8 sous, dans 7 sous, dans 9 sous, dans 11 sous, dans 20 sous ?*

> **Rép.** Dans 3 sous il y a 15 cent., dans 6 sous, 30 cent.
> Dans 8 « 40 « dans 7 « 35 «
> Dans 9 « 45 « dans 11 « 55 «
> Dans 20 « 100 «

**416.** *Une lieue a 4 kilomètres : combien y a-t-il de kilom. dans 5 lieues, dans 8 lieues, dans 6 lieues, dans 9 lieues, dans 11 lieues, dans 20 lieues ?*

> **Rép.** Dans 5 lieues il y a 20 kilom., dans 8 lieues 32 kilom.
> Dans 6 « 24 « dans 9 « 36 «
> Dans 11 « 44 « dans 20 « 80 «

**417.** *Une semaine a 7 jours : combien y a-t-il de jours dans 4 semaines, dans 6 semaines, dans 8 semaines, dans 9 semaines, dans 11 semaines, dans 20 semaines, dans 30 semaines.*

> **Rép.** Dans 4 sem. il y a 28 jours, dans 6 sem. 42 jours.
> Dans 8 « 56 « dans 9 « 63 «
> Dans 11 « 77 « dans 20 « 140 «
> Dans 30 « 210 «

**418.** *Lorsqu'une tablette de chocolat coûte 3 fr., combien coûteront 4 tablettes, 7 tablettes, 9 tablettes, 11 tablettes, 15 tablettes, 20 tablettes ?*

> **Rép.** 4 tablettes coûteront 12 francs, 7 tablettes, 21 francs.
> 9 « 27 « 11 « 33 «
> 15 « 45 « 20 « 60 «

**419.** *Pour payer un chapeau on donne une pièce de 5 fr. et deux pièces de 2 fr. : quel est le prix du chapeau ?*

Le prix est $5 + 4$.

**Rép.** 9 francs.

**420.** *Un livre vaut 3 fr., un second livre vaut le double du premier : quelle somme faut-il pour payer ces deux livres ?*

Le prix du livre est $3 + 6$.

**Rép.** 9 francs.

**421.** *Un homme doit 22 fr. ; pour les payer il donne 5 pièces de 5 fr. : que doit-on lui rendre ?*

On doit lui rendre $25 - 22$.

**Rép.** 3 francs.

**422.** *Un ouvrier avait 4 pièces de 10 fr., il n'a plus maintenant que 7 fr. : quelle somme a-t-il dépensée ?*

Il a dépensé $40 - 7$.

**Rép.** 33 francs.

**423.** *Un enfant avait 3 pièces de 5 fr., il a dépensé 12 fr. : que lui reste-t-il ?*

Il lui reste $15 - 12$.

**Rép.** 3 francs.

**424.** *Paul a reçu une pièce de 50 cent. pour payer 3 cahiers de 10 cent. : combien doit-on lui rendre ?*

On doit lui rendre $50 - 30$.

**Rép.** 20 centimes.

**425.** *Une cuisinière achète un poulet 3 fr. et une pièce de beurre 2 fr. 50 : combien lui manque-t-il pour payer ses achats si elle n'a que 5 francs ?*

Prix d'achat $3 + 2,50$ ou 5 fr. 50.
Il lui manque $5,50 - 5$.

**Rép.** 50 centimes.

**426.** *Que reste-t-il d'un cent d'œufs quand on en a vendu 5 douzaines ?*

5 douzaines font $5 \times 12$ ou 60.
Il reste donc $100 - 60$.

**Rép.** 40 œufs.

**427.** *Quelle somme font 12 pièces de 10 fr. et 3 pièces de 5 francs ?*

12 pièces de 10 fr. font 120 fr., et 3 pièces de 5 fr. 15 fr.
Toutes les pièces font $120 + 15$.

**Rép.** 135 francs.

**428.** *Un miroir a été acheté 3 fr. 25, le cadre vaut 1 fr. 25 : quel est le prix de la glace ?*

Le prix de la glace est 3,25 — 1,25.

**Rép.** 2 francs.

**429.** *Un serin vaut 2 fr., un perroquet vaut le triple : quel est le prix total des deux oiseaux ?*

Le prix total est 2 + 6.

**Rép.** 8 francs.

**430.** *Ernest reçoit 1 fr. pour acheter 4 timbres de 15 cent. et 3 timbres de 10 cent. : que doit-on lui rendre ?*

Le prix des timbres est 60 + 30 ou 90 centimes.
On doit rendre à Ernest 100 — 90.

**Rép.** 10 centimes.

### 2° Problèmes à résoudre par écrit.

**431.** *Une semaine a 7 jours : combien y a-t-il de jours dans 68 semaines ?*

Dans 68 semaines il y a 7 × 68.

**Rép.** 476 jours.

**432.** *Quel est le triple du nombre 365 ?*

Le triple est 365 × 3.

**Rép.** 1 095 jours.

**433.** *Combien coûtent 8 mètres de drap à 17 fr. le mètre ?*

Ils coûtent 8 × 17.

**Rép.** 136 francs.

**434.** *Une pièce de 5 fr. en argent pèse 25 grammes : combien pèsent 45 pièces ?*

45 pièces pèsent 25 × 45.

**Rép.** 1 125 grammes.

**435.** *Combien doit-on payer pour 3 arbres, sachant que le premier coûte 45 fr. et chacun des autres 38 fr. ?*

On doit payer 45 + 38 + 38.

**Rép.** 121 francs.

**436.** *Un tonneau contient 228 litres : combien y a-t-il de litres dans 36 tonneaux ?*

Il y a 228 × 36.

**Rép.** 8 208 litres.

**437.** *Combien doit-on payer pour 3 douzaines de chemises, à raison de 4 fr. la chemise ?*

On doit payer 36 × 4.

**Rép.** 144 francs.

**438.** *Un ouvrier gagne 6 fr. 50 par jour, son fils aîné gagne 2 fr. 50 : quelle somme faudra-t-il pour leur payer 12 journées de travail ?*

Le gain de la journée est 6,50 + 2,50 ou 9 fr.
Pour payer 12 journées il faudra 9 × 12.

**Rép.** 108 francs.

**439.** *Un marchand a vendu 350 planches, il en a déjà livré 3 voitures qui contiennent chacune 75 planches : combien en doit-il encore ?*

Il a déjà livré 75 × 3 ou 225 planches.
Il doit encore en livrer 350 — 225.

**Rép.** 125 planches.

**440.** *Combien doit-on payer pour 18 sacs de blé à 28 fr. 50, et 12 sacs d'orge à 24 fr. ?*

Prix du blé 28,50 × 18, soit 513 fr.
Prix de l'orge 12 × 24,   «   288 fr.
Prix total 513 + 288.

**Rép.** 801 francs.

**441.** *Que doit-on débourser pour payer 135 kilogrammes de pain à 0 fr. 45 le kilogr. ?*

On doit débourser 135 × 0,45.

**Rép.** 60 fr. 75.

**442.** *Un couvreur gagne 5 fr. 75 par jour : combien aura-t-il gagné en 36 jours ?*

Il aura gagné 5,75 × 36.

**Rép.** 207 francs.

**443.** *Que doit-on rendre à un voyageur qui donne 15 fr. pour payer 3 places à raison de 4 fr. 50 la place ?*

Les places coûtent 4,50 × 3 ou 13 fr. 50.
On doit rendre 15 — 13,50.

**Rép.** 1 fr. 50.

**444.** *Quelle somme faut-il pour payer des souliers qui coûtent 12 fr. 50 et des bottes qui valent 12 fr. de plus que les souliers ?*

Il faut 12,50 + 12,50 + 12.

**Rép.** 37 francs.

**445.** *Un régiment de cavalerie compte 784 chevaux : quel est le prix de ces chevaux, si chaque cheval vaut 578 fr. ?*

Le prix total est 784 × 578.

**Rép.** 453 152 fr.

**446.** *Le poêle de la classe coûte 18 fr. 25, les tuyaux coûtent 6 fr. 25 : quel est le prix du tout ?*

Le prix du tout est 18,25 + 6, 25.

**Rép.** 24 fr. 50.

**447.** *Une fontaine donne 3 419 litres par heure : combien en donne-t-elle en 24 heures ?*

Elle donnera 3 419 $\times$ 24.

**Rép.** 82 056 litres.

**448.** *Un jour a 24 heures : combien y a-t-il d'heures dans deux mois de 30 jours et un mois de 31 ?*

Nombre de jours 30 + 30 + 31, soit 91 jours.
Nombre d'heures 91 $\times$ 24.

**Rép.** 2 184 heures.

**449.** *Un régiment compte 2 385 hommes : combien y a-t-il d'hommes dans 144 régiments ?*

Il y a 2 385 $\times$ 144.

**Rép.** 343 440 hommes.

**450.** *Dans une usine on brûle 3 675 kilogr. de charbon par jour : combien en brûlera-t-on pendant 2 mois, l'un de 31 jours, l'autre de 28 ?*

Les deux mois ont 31 + 28, soit 59 jours.
On brûlera 3 675 $\times$ 59.

**Rép.** 216 825 kilogrammes.

**451.** *Quel est le nombre de harengs contenus dans 129 tonneaux, si un tonneau en renferme 954 ?*

Ce nombre est 954 $\times$ 129.

**Rép.** 123 066 harengs.

**452.** *Un litre d'eau de mer pèse 1 025 grammes, un litre d'eau ordinaire pèse 1 000 gram. : combien 15 litres d'eau de mer pèsent-ils plus que 15 litres d'eau ordinaire ?*

Différence des deux poids 1025 — 1000 ou 25 grammes.
Poids demandé 25 $\times$ 15.

**Rép.** 375 grammes.

**453.** *Une maison a 14 croisées, chaque croisée a 6 carreaux, et chaque carreau coûte 2 fr. 45 : quel est le prix de tous ces carreaux ?*

Nombre de carreaux 14 $\times$ 6, soit 84 carreaux.
Prix total 84 $\times$ 2, 45.

**Rép.** 205 fr. 80.

**454.** *On a acheté 15 tonneaux renfermant 225 litres de vin : quelle somme retirera-t-on si l'on vend le litre de vin 0 fr. 45 ?*

Les tonneaux renferment 225 $\times$ 15, soit 3 375 litres.
Prix du vin 3 375 $\times$ 0,45.

**Rép.** 1 518 fr. 75.

**455.** *Un coutelier vend 6 douzaines de couteaux à raison de*

*1 fr. 25 le couteau, et 3 douzaines de rasoirs à raison de 2 fr. 25 le rasoir : quel argent retirera-t-il de cette vente ?*

Prix des couteaux $72 \times 1,25$, soit 90 fr.
Prix des rasoirs $36 \times 2,25$, « 81 fr.
Prix total $90 + 81$.

**Rép.** 171 francs.

# EXERCICES SUR LA DIVISION

## Effectuer les divisions suivantes :

| | | | | | | | |
|---|---|---|---|---|---|---|---|
| **456.** | 712 : 2 | **Rép.** | 356. | **471.** | 7 425 : 9 | **Rép.** | 825. |
| **457.** | 912 : 3 | « | 304. | **472.** | 4 537 : 2 | « | 2 268,5. |
| **458.** | 914 : 2 | « | 457. | **473.** | 5 792 : 4 | « | 1 448. |
| **459.** | 7 641 : 3 | « | 2 547. | **474.** | 3 399 : 6 | « | 566,5. |
| **460.** | 9 736 : 4 | « | 2 434. | **475.** | 5 324 : 8 | « | 665,5. |
| **461.** | 8 915 : 5 | « | 1 783. | **476.** | 6 759 : 5 | « | 1 351,8. |
| **462.** | 7 724 : 4 | « | 1 931. | **477.** | 3 949 : 4 | « | 987,25. |
| **463.** | 3 910 : 5 | « | 782. | **478.** | 7 533 : 6 | « | 1 255,5. |
| **464.** | 3 432 : 6 | « | 572. | **479.** | 9 754 : 8 | « | 1 219,25. |
| **465.** | 6 461 : 7 | « | 923. | **480.** | 5 033 : 7 | « | 719. |
| **466.** | 7 140 : 6 | « | 1 190. | **481.** | 4 931 : 4 | « | 1 232,75. |
| **467.** | 3 885 : 7 | « | 555. | **482.** | 8 739 : 6 | « | 1 456,5. |
| **468.** | 9 656 : 8 | « | 1 207. | **483.** | 9 117 : 9 | « | 1 013. |
| **469.** | 3 438 : 9 | « | 382. | **484.** | 2 501 : 5 | « | 500,2. |
| **470.** | 7 728 : 8 | « | 966. | **485.** | 7 741 : 8 | « | 967,625. |

| | | | | | | | |
|---|---|---|---|---|---|---|---|
| **486.** | 5 665 : 11 | **Rép.** | 515. | **493.** | 8 240 : 16 | **Rép.** | 515. |
| **487.** | 7 224 : 12 | « | 602. | **494.** | 6 360 : 24 | « | 265. |
| **488.** | 9 339 : 11 | « | 849. | **495.** | 7 625 : 25 | « | 305. |
| **489.** | 5 328 : 12 | « | 444. | **496.** | 7 712 : 32 | « | 241. |
| **490.** | 7 319 : 13 | « | 563. | **497.** | 6 342 : 21 | « | 302. |
| **491.** | 8 498 : 14 | « | 607. | **498.** | 9 471 : 33 | « | 287. |
| **492.** | 7 365 : 15 | « | 491. | **499.** | 9 415 : 35 | « | 269. |

| | | | | | | | |
|---|---|---|---|---|---|---|---|
| **500.** | 8 064 : 42 | **Rép.** | 192. | **508.** | 6 784 : 53 | **Rép.** | 128. |
| **501.** | 4 824 : 36 | « | 134. | **509.** | 7 504 : 56 | « | 134. |
| **502.** | 8 944 : 43 | « | 208. | **510.** | 8 448 : 61 | « | 138. |
| **503.** | 3 825 : 45 | « | 85. | **511.** | 8 910 : 66 | « | 135. |
| **504.** | 9 984 : 48 | « | 208. | **512.** | 5 916 : 87 | « | 68. |
| **505.** | 7 700 : 50 | « | 154. | **513.** | 6 351 : 73 | « | 87. |
| **506.** | 6 264 : 54 | « | 116. | **514.** | 8 064 : 84 | « | 96. |
| **507.** | 6 834 : 51 | « | 134. | **515.** | 7 584 : 96 | « | 79. |

| | | | | | |
|---|---|---|---|---|---|
| **516.** | 7 421 : 34 | **Rép.** | 218 | Reste | 9. |
| **517.** | 3 700 : 42 | « | 88 | « | 4. |
| **518.** | 5 945 : 26 | « | 228 | « | 17. |
| **519.** | 9 675 : 17 | « | 569 | « | 2. |
| **520.** | 3 951 : 37 | « | 106 | « | 29. |
| **521.** | 7 695 : 28 | « | 274 | « | 23. |
| **522.** | 6 421 : 38 | « | 168 | « | 37. |
| **523.** | 9 075 : 47 | « | 193 | « | 4. |
| **524.** | 3 743 : 19 | « | 197 | « | 0. |
| **525.** | 8 747 : 51 | « | 171 | « | 26. |
| **526.** | 8 732 : 63 | « | 138 | « | 38. |
| **527.** | 7 900 : 58 | « | 136 | « | 12. |
| **528.** | 9 570 : 39 | « | 245 | « | 15. |
| **529.** | 9 287 : 47 | « | 197 | « | 28. |
| **530.** | 9 907 : 57 | « | 173 | « | 46. |

## Calculer jusqu'aux dixièmes.

| | | | | | | |
|---|---|---|---|---|---|---|
| **531.** | 13 651 : 7 | **Rép.** | 1 950,1 | Reste | 3 | dixièmes. |
| **532.** | 42 348 : 9 | « | 4 705,3 | « | 3 | « |
| **533.** | 19 975 : 11 | « | 1 815,9 | « | 1 | « |
| **534.** | 34 025 : 17 | « | 2 001,4 | « | 12 | « |
| **535.** | 75 216 : 32 | « | 2 350,5 | « | 0 | « |
| **536.** | 10 075 : 19 | « | 530,2 | « | 12 | « |
| **537.** | 25 347 : 56 | « | 452,6 | « | 14 | « |
| **538.** | 39 027 : 43 | « | 907,6 | « | 2 | « |
| **539.** | 77 259 : 68 | « | 1 136,1 | « | 42 | « |
| **540.** | 95 074 : 75 | « | 1 267,6 | « | 40 | « |
| **541.** | 25 017 : 47 | « | 532,2 | « | 36 | « |
| **542.** | 32 904 : 56 | « | 587,5 | « | 40 | « |
| **543.** | 10 901 : 37 | « | 294,6 | « | 8 | « |

| | | | | | | |
|---|---|---|---|---|---|---|
| **544.** | 27 300 : 45 | **Rép.** | 606,6 | Reste | 30 | dixièmes. |
| **545.** | 10 000 : 72 | « | 138,8 | « | 64 | « |
| **546.** | 3 645 : 342 | « | 10,6 | « | 198 | « |
| **547.** | 6 428 : 315 | « | 20,4 | « | 20 | « |
| **548.** | 7 639 : 625 | « | 12,2 | « | 140 | « |
| **549.** | 8 706 : 308 | « | 21,3 | « | 156 | « |
| **550.** | 7 492 : 506 | « | 14,8 | « | 32 | « |
| **551.** | 6 375 : 871 | « | 7,3 | « | 167 | « |
| **552.** | 9 256 : 328 | « | 28,2 | « | 64 | « |
| **553.** | 8 715 : 445 | « | 19,5 | « | 375 | « |
| **554.** | 7 697 : 528 | « | 14,5 | « | 410 | « |
| **555.** | 3 624 : 148 | « | 24,4 | « | 98 | « |
| **556.** | 9 800 : 319 | « | 30,7 | « | 67 | « |
| **557.** | 4 835 : 721 | « | 6,7 | « | 43 | « |
| **558.** | 5 257 : 852 | « | 6,1 | « | 598 | « |
| **559.** | 9 054 : 295 | « | 30,6 | « | 270 | « |
| **560.** | 6 843 : 197 | « | 34,7 | « | 71 | « |

## Calculer jusqu'aux centièmes.

| | | | | | | |
|---|---|---|---|---|---|---|
| **561.** | 4 913 : 54 | **Rép.** | 90,98 | Reste | 8 | centièmes. |
| **562.** | 3 254 : 32 | « | 101,68 | « | 24 | « |
| **563.** | 7 651 : 227 | « | 33,70 | « | 110 | « |
| **564.** | 9 853 : 506 | « | 19,47 | « | 118 | « |
| **565.** | 7 097 : 810 | « | 8,76 | « | 140 | « |
| **566.** | 9 357 : 635 | « | 14,73 | « | 345 | « |
| **567.** | 7 908 : 748 | « | 10,57 | « | 164 | « |
| **568.** | 34 617 : 84 | « | 412,10 | « | 60 | « |
| **569.** | 27 039 : 178 | « | 151,90 | « | 80 | « |
| **570.** | 17 936 : 851 | « | 21,7 | « | 545 | « |
| **571.** | 10 857 : 48 | « | 226,18 | « | 36 | « |
| **572.** | 25 369 : 57 | « | 445,07 | « | 1 | « |
| **573.** | 49 207 : 125 | « | 393,65 | « | 85 | « |
| **574.** | 19 057 : 408 | « | 46,70 | « | 340 | « |
| **575.** | 70 936 : 841 | « | 84,34 | « | 606 | « |
| **576.** | 95 064 : 357 | « | 266,28 | « | 204 | « |
| **577.** | 21 141 : 617 | « | 34,26 | « | 258 | « |
| **578.** | 32 859 : 941 | « | 34,91 | « | 869 | « |
| **579.** | 56 090 : 527 | « | 106,43 | « | 139 | « |
| **580.** | 37 948 : 834 | « | 45,50 | « | 100 | « |

| 581. | 96,54 | : 37 | **Rép.** | 2,60 | Reste | 34 | centièmes. |
|---|---|---|---|---|---|---|---|
| 582. | 150,32 | : 38 | « | 2,59 | « | 10 | « |
| 583. | 4 832,5 | : 1,64 | « | 2 946,64 | « | 1,04 | « |
| 584. | 5 900,9 | : 8,42 | « | 700,81 | « | 7,98 | « |
| 585. | 170,96 | : 7,83 | « | 21,83 | « | 3,11 | « |
| 586. | 374,54 | : 16,4 | « | 22,83 | « | 12,8 | « |
| 587. | 9 640,0 | : 48,3 | « | 198,58 | « | 28,6 | « |
| 588. | 54,381 | : 6,19 | « | 8,78 | « | 3,28 | « |
| 589. | 84,536 | : 0,147 | « | 575,07 | « | 0,071 | « |
| 590. | 9 621,8 | : 0,631 | « | 15 248,49 | « | 0,281 | « |

## Problèmes sur les quatre opérations arithmétiques.

### 1° Problèmes que l'élève doit résoudre mentalement.

**591.** *Un sou vaut 5 centimes : combien y a-t-il de sous dans 15 centimes, dans 25 centimes, dans 45 centimes, dans 55 centimes ?*

    **Rép.** Dans 15 cent. il y a 3 sous, dans 25 cent. 5 sous.
        « 45 cent. « 9 sous, « 55 cent. 11 sous.

**592.** *Un rasoir coûte 3 fr. : combien coûteront 5 rasoirs, 6 rasoirs, 9 rasoirs, 11 rasoirs ?*

    **Rép.** 5 rasoirs coûteront 15 fr., 6 rasoirs, 18 fr.
        9 « 27 fr., 11 « 33 fr.

**593.** *Une semaine a 7 jours : combien y a-t-il de semaines dans 21 jours, dans 35 jours, dans 49 jours, dans 70 jours ?*

    **Rép.** Dans 21 j. il y a 3 semaines; dans 35 j. 5 semaines.
        « 49 j. « 7 semaines; « 70 j. 10 «

**594.** *Un chapeau de paille coûte 4 fr. : combien aura-t-on de chapeaux pour 12 fr., pour 20 fr., pour 32 fr., pour 44 fr. ?*

    **Rép.** Pour 12 fr. on aura 3 chap., pour 20 fr. 5 chap.
        « 32 fr. « 8 chap., « 44 fr. 11 chap.

**595.** *Un ouvrier gagne 6 fr. par jour : combien aura-t-il gagné après 4 jours, après 8 jours, après 10 jours, après 11 jours de travail ?*

    **Rép.** Après 4 jours, 24 fr., après 8 jours, 48 fr.
        « 10 « 60 fr., « 11 « 66 fr.

**596.** *Une paire de souliers coûte 8 fr. : combien aura-t-on de paires de souliers pour 24 fr., pour 40 fr., pour 56 fr., pour 80 francs ?*

    **Rép.** Pour 24 fr. on aura 3 paires, pour 40 fr. 5 paires.
        « 56 fr. « 7 paires, « 80 fr. 10 paires.

**597.** *Quels sont les trois quarts de 24, de 16, de 40 ?*

    **Rép.** Le quart de 24 est  6, les trois quarts sont 18.
       «     16  «  4,       «       12.
       «     40  « 10,      «       30.

**598.** *Combien coûte une douzaine de cravates à 1 fr. 50 la cravate ?*

La douzaine coûte 12 fr. + 6 fr.

    **Rép.** 18 fr.

**599.** *Un marchand vend 3 gilets 24 fr.; à ce marché il gagne 3 fr. : quel est le prix d'un gilet ?*

S'il ne gagnait rien, le prix de 3 gilets serait 21 fr.
Un gilet vaut donc 21 : 3.

    **Rép.** 7 fr.

**600.** *Combien coûteront 80 oranges à raison de 1 franc les 8 oranges ?*

Dans 80 oranges il y a 10 fois 8 oranges; le prix sera donc 10 fois 1 fr.

    **Rép.** 10 fr.

**601.** *Quel est le prix de 18 canifs à raison de 20 fr. la douzaine ?*

Dans 18 il y a une douzaine et une demi-douzaine.
Le prix sera 20 + 10.

    **Rép.** 30 fr.

**602.** *Combien coûtent 20 encriers à 0 fr. 25 l'encrier ?*

20 encriers coûteront 20 × 0,25.

    **Rép.** 5 fr.

**603.** *Quel est le prix d'un livre, si 3 livres coûtent 6 fr. 60 c. ?*
Un livre coûtera 6,60 : 3.

    **Rép.** 2 fr. 20.

**604.** *Quelle somme faut-il pour payer 4 cahiers de 10 centimes et 3 cahiers de 5 centimes ?*

Il faudra 40 + 15.

    **Rép.** 55 centimes.

**605.** *Une paire de lunettes coûte 4 fr. 50, et l'étui vaut 1 fr. 50 : combien aura-t-on de paires de lunettes avec leur étui pour 48 francs ?*

Les lunettes avec l'étui valent 4,50 + 1,50 ou 6 fr.
Pour 48 fr. on aura 48 : 6.

    **Rép.** 8 lunettes.

**606.** *Avec une pièce de toile de 20 mètres de long on a fait*

                                      1*

5 *chemises, pour chacune desquelles il a fallu 3 mètres : que reste-t-il de la toile ?*

Pour 5 chemises il a fallu $5 \times 3$, ou 15 mètres.
Il restera donc $20 - 15$.

**Rép.** 5 mètres.

**607.** *Un fauteuil coûte 7 fr. et une chaise 3 fr. : combien aura-t-on de fauteuils et de chaises pour 120 fr., si l'on veut autant de fauteuils que de chaises ?*

Un fauteuil et une chaise coûtent $7 + 3$ ou 10 fr.
Pour 120 fr. on aura $120 : 10$.

**Rép.** 12 chaises et 12 fauteuils.

**608.** *Combien coûtent 850 pommes à raison de 1 fr. le cent ?*

Dans 850 il y a 8 cents et un demi-cent.
Les pommes coûtent $8 + 0,50$.

**Rép.** 8 fr. 50.

**609.** *Paul et Louis ont 12 francs à se partager; Paul prend le tiers de la somme : que reste-t-il à Louis ?*

Le tiers de 12 est 4 fr.
Il reste à Louis $12 - 4$.

**Rép.** 8 fr.

**610.** *Une marchande avait 40 crayons, elle en a vendu 3 douzaines : combien lui reste-t-il de crayons ?*

3 douzaines font $12 \times 3$, soit 36.
Il reste à la marchande $40 - 36$.

**Rép.** 4 crayons.

**611.** *Combien coûtent 15 poires lorsque 3 poires coûtent 10 centimes ?*

Dans 15 poires il y a 5 fois 3 poires.
15 poires coûtent donc $5 \times 10$.

**Rép.** 50 centimes.

**612.** *Combien aura-t-on d'oranges pour 1 fr. lorsque 3 oranges coûtent 25 centimes ?*

Dans 1 franc ou 100 centimes il y a 4 fois 25 centimes.
On aura donc 4 fois 3 oranges.

**Rép.** 12 oranges.

2ᵉ **Problèmes à résoudre par écrit.**

**613.** *Un mètre de toile coûte 3 francs : combien aura-t-on de mètres pour 147 francs ?*

On en aura $147 : 3$.

**Rép.** 49 mètres.

**614.** *Quel est le prix de 29 mètres de velours si 1 mètre coûte 6 francs ?*

Le prix sera 29 × 6.

**Rép.** 174 fr.

**615.** *Une source donne 8 litres d'eau par minute : combien faudra-t-il de minutes pour donner 1 000 litres ?*

Il faudra 1 000 : 8.

**Rép.** 125 minutes.

**616.** *Cinq volumes ont coûté en tout 17 fr., 3 autres volumes coûtent chacun 4 francs : combien coûtent les 8 volumes ?*

Les 3 derniers volumes coûtent 4 × 3, ou 12 fr.
Le prix des 8 volumes est 17 + 12.

**Rép.** 29 fr.

**617.** *Avec un mètre de fil de fer on fait 95 clous de souliers : combien a-t-il fallu de mètres de fil pour faire 5 035 clous ?*

Il faudra 5 035 : 95.

**Rép.** 53 mètres.

**618.** *On a acheté douze douzaines de crayons, on en a vendu 5 douzaines : combien reste-t-il encore de crayons ?*

Il reste 12 — 5.

**Rép.** 7 douzaines ou 7 × 12, soit 84 crayons.

**619.** *Un enfant respire 25 fois environ par minute : combien respire-t-il de fois en 45 minutes ?*

Il respirera 25 × 45.

**Rép.** 1 125 fois.

**620.** *Quelle somme font 25 pièces de 20 francs et 12 pièces de 5 francs ?*

25 pièces de 20 fr. font 25 × 20, soit 500 fr.
12      «      5 fr.  «  12 × 5,   «    60 fr.
Toutes les pièces font 500 + 60.

**Rép.** 560 fr.

**621.** *Un sac de blé coûte 32 francs : combien aura-t-on de sacs pour 1 376 francs ?*

On aura 1 376 : 32.

**Rép.** 43 sacs.

**622.** *Pour tapisser une salle il a fallu 17 rouleaux de papier à 0 fr. 75, et 3 rouleaux de bordure à 1 fr. 25 : combien a-t-on déboursé ?*

Les 17 rouleaux coûtent 17 × 0,75, soit 12 fr. 75.
Les 3      «      1,25 × 3, ou 3 fr. 75.
Tous les rouleaux coûtent 12,75 + 3,75.

**Rép.** 16 fr. 50.

**623.** *Une boîte contient 28 sardines : combien faut-il de boîtes pour contenir 1 260 sardines ?*

Il en faut 1 260 : 28.

**Rép.** 45 boîtes.

**624.** *Une famille devait 145 fr. 75 au boulanger; pour le payer, on lui remet 15 pièces de 10 francs : combien le boulanger doit-il rendre ?*

Somme remise 15 $\times$ 10, soit 150 fr.
Le boulanger doit rendre 150 — 145,75.

**Rép.** 4 fr. 25.

**625.** *Quel est le prix de 48 moutons, sachant que le tiers a été payé à raison de 17 fr. le mouton et le reste à raison de 18 francs ?*

Le tiers de 48 est 48 : 3 ou 16; les deux tiers seront donc 32.
Les 16 moutons coûtent 16 $\times$ 17, soit 272 fr.
Les 32        "        32 $\times$ 18,   "   576 fr.
Le prix total est 272 + 576.

**Rép.** 848 fr.

**626.** *Combien coûtent 15 tasses de chocolat, sachant qu'une tasse renferme pour 10 centimes de lait, pour 10 centimes de chocolat et pour 4 centimes de pain ?*

Une tasse coûte 10 + 10 + 4, soit 24 centimes.
15 tasses coûteront 15 $\times$ 0,24.

**Rép.** 3 fr. 60.

**627.** *Un ouvrier gagne 4 fr. 75 par jour : combien lui faudra-t-il de jours pour gagner 114 francs ?*

Il lui faudra 114 : 4,75.

**Rép.** 24 jours.

**628.** *Combien coûtent 2 douzaines d'assiettes et 2 douzaines de plats, si une assiette vaut 0 fr. 25 et un plat 0 fr. 35 ?*

2 douzaines font 2 $\times$ 12, soit 24.
24 assiettes coûtent 24 $\times$ 0,25, soit 6 fr.
24 plats        "   .   24 $\times$ 0,35,   "   8 fr. 40.
Les assiettes et les plats coûteront 6 + 8,40.

**Rép.** 14 fr. 40.

**629.** *Un pain de 4 kilogrammes coûte 1 fr. 44 : combien aura-t-on de kilogrammes de pain pour 20 fr. 16 ?*

On aura 20,16 : 1,44, soit 14 pains de 4 kilogrammes.
Le nombre de kilogrammes sera 14 $\times$ 4.

**Rép.** 56 kilogrammes.

**630.** *Une montre vaut 45 fr., la chaîne coûte 5 fois moins : quel est le prix de la montre avec sa chaîne ?*

Le prix de la chaîne est 45 : 5, soit 9 fr.
Le prix du tout est 45 + 9.

**Rép.** 54 fr.

**631.** *On veut partager* 3 645 *fr. entre* 142 *ouvriers : combien chacun aura-t-il ?*

Chaque ouvrier aura 3 645 : 142.

**Rép.** 25 fr. 66...

**632.** *Un litre d'encre coûte* 1 *fr.* 75 ; *avec ce litre on remplit* 18 *encriers qu'on vend à raison de* 15 *centimes : quel bénéfice fait-on ?*

Les 18 encriers sont vendus 18 × 0,15, ou 2 fr. 70.
Le bénéfice est 2,70 — 1,75.

**Rép.** 0 fr. 95.

**633.** *Deux ouvriers gagnent par jour, le premier* 4 *fr.* 75 , *le second* 3 *fr.* 50 : *quelle somme faut-il pour leur payer* 18 *jours de travail ?*

Gain journalier 4,75 + 3,50, soit 8 fr. 25.
Pour les payer il faut 8,25 × 18.

**Rép.** 148 fr. 50.

**634.** *On a acheté* 8 *sacs de blé contenant chacun* 4 *mesures : quelle somme faut-il pour les payer, si la mesure vaut* 2 *fr.* 75 ?

Les sacs contiennent 4 × 8, soit 32 mesures.
Pour les payer il faut 32 × 2,75.

**Rép.** 88 fr.

**635.** *Quarante-sept kilogrammes de chocolat coûtent* 180 *fr.,* *on veut gagner en tout* 19 *fr.* 75 : *combien doit-on vendre le kilogramme ?*

Prix de vente 180 + 19,75, soit 199 fr. 75.
On doit vendre le kilogramme 199,75 : 47.

**Rép.** 4 fr. 25.

**636.** *On a vendu* 54 *kilogrammes de café à raison de* 4 *fr.* 25 ; *à ce marché on a gagné* 18 *fr. : quel était le prix d'achat de tout ce café ?*

Prix de vente 54 × 4,25, ou 229 fr. 50.
Le prix d'achat était 229,50 — 18.

**Rép.** 211 fr. 50.

**637.** *Lorsqu'un sac de blé coûte* 28 *francs, combien aura-t-on de sacs pour* 1 000 *fr., et quelle somme aura-t-on de reste ?*

Pour 1 000 fr. on aura 1 000 : 28.

**Rép.** 35 sacs ; et l'on aura 20 fr. de reste.

**638.** *Un litre de lait pèse* 1 030 *grammes, et un litre de vin*

990 *grammes : combien 24 litres de lait pèsent-ils plus que 24 litres de vin ?*

Différence de poids pour un litre 1 030 — 990, ou 40 grammes.
Le poids en plus est donc 24 × 40.

**Rép.** 960 grammes.

**639.** *Une pièce de calicot avait 60 mètres, on en a vendu le quart, puis le tiers : combien reste-t-il encore de mètres ?*

Le quart de 60 est 60 : 4, soit 15.
Le tiers de 60 est 60 : 3, soit 20.
Vente totale 15 + 20, ou 35 mètres.
Il reste encore 60 — 35.

**Rép.** 25 mètres.

**640.** *En un jour on a fait dans une fabrique 7 200 plumes, on les vend à raison de 0 fr. 75 la boîte contenant 144 plumes : quelle somme retire-t-on ?*

Nombre de boîtes 7 200 : 144, soit 50.
Somme retirée de la vente 50 × 0,75.

**Rép.** 37 fr. 50.

**641.** *Lorsque 100 épingles coûtent 15 centimes, combien coûtent 12 600 épingles ?*

Dans 12 600 il y a 126 fois cent.
Les épingles coûteront 126 × 0,15.

**Rép.** 18 fr. 90.

**642.** *Une machine brûle 18 kilogrammes de charbon par heure : combien brûlera-t-elle de kilogrammes en 31 jours de 24 heures ?*

Dans 31 jours il y a 31 × 24, soit 744 heures.
La machine brûlera 744 × 18.

**Rép.** 13 392 kilogrammes.

**643.** *Une marchande achète 6 600 œufs à raison de 8 fr. 50 le cent; elle les revend à 1 fr. 15 la douzaine : combien gagne-t-elle ?*

Dans 6 600 il y a 66 fois cent.
Les œufs ont coûté 66 × 8,50, soit 561 fr.
Dans 6 600 il y a 6 600 : 12, soit 550 douzaines.
Les œufs sont vendus 550 × 1,15, ou 632 fr. 50.
Bénéfice 632,50 — 561.

**Rép.** 71 fr. 50.

**644.** *Dans une maison neuve un peintre a passé en couleur 13 portes et 48 croisées : que doit-on au peintre, s'il demande 3 fr. 50 par porte et 2 fr. 80 par croisée ?*

Les portes coûtent 13 × 3,50, soit 45 fr. 50.
Les croisées coûtent 48 × 2,80, soit 134 fr. 40.
On doit au peintre 45,50 + 134,40.

**Rép.** 179 fr. 90.

**645**. *On achète deux colonnes de fonte pesant, l'une 125 kilogrammes, l'autre 134 kilogrammes; on les paye à raison de 25 francs les 100 kilogrammes : quelle somme doit-on débourser ?*

Poids des colonnes 125 + 134, soit 259 kilogrammes.
100 kilogrammes coûtant 25 fr., 1 kilogramme coûtera 0 fr. 25.
On doit débourser 259 × 0,25.

**Rép.** 64 fr. 75.

**646**. *Un jeune homme qui avait 96 fr. en dépense d'abord les deux tiers, puis 24 fr. 50 : quelle somme lui reste-t-il ?*

Le tiers de 96 est 96 : 3, soit 32 fr.
Les deux tiers sont 32 × 2, soit 64 fr.
La dépense faite est 64 + 24,50, ou 88 fr. 50.
Il reste au jeune homme 96 — 88,50.

**Rép.** 7 fr. 50.

**647**. *Un marchand achète 45 fromages; il les paye 3 fr. 50 les cinq : combien doit-il donner ?*

Dans 45 il y a 9 fois 5.
On devra payer 9 × 3,50.

**Rép.** 31 fr. 50.

**648**. *On achète une horloge 54 fr., la caisse ne vaut que le cinquième de ce prix : combien coûtera l'horloge mise en place, si l'ouvrier prend 1 fr. 25 pour ce dernier travail ?*

Le cinquième de 54 est 54 : 5, ou 10 fr. 8.
L'horloge coûtera 54 + 10,80 + 1,25.

**Rép.** 66 fr. 05.

**649**. *On vend 4 pains de sucre, pesant chacun 17 kilogr., au prix de 1 fr. 45 le kilogr.; on reçoit en payement un billet de 100 fr. : quelle somme doit-on rendre à l'acheteur ?*

Poids des pains 17 × 4, soit 68 kilog.
Prix du sucre 68 × 1,45, soit 98 fr. 60.
On doit rendre 100 — 98,60.

**Rép.** 1 fr. 40.

**650**. *On achète 3 sacs de café vert, pesant chacun 75 kilogr., au prix de 4 fr. 15 le kilogr.; on donne un billet de 1 000 fr. : combien doit-on rendre à l'acheteur ?*

Poids des sacs  75 × 3,    soit 225 kilog.
Prix du café   225 × 4,15, soit 933 fr. 75.
On doit rendre 1 000 — 933,75.

**Rép.** 66 fr. 25.

**651**. *Trois balles de laine pèsent chacune 125 kilogr., on diminue le poids total de 18 kilogr. pour la tare; que doit-on payer si la laine est vendue à raison de 3 fr. 15 les 2 kilogr. ?*

Poids total 125 × 3, soit 375 kilog.
Poids net   375 — 18, soit 357 kilog.
Prix d'un kilogr. de laine 3,15 : 2, soit 1,575.
On doit payer 357 × 1,575.

**Rép.** 562 fr. 275.

**652.** *Un marchand achète 350 litres d'huile pour 612 fr. 50 : combien doit-il vendre le litre pour gagner 70 fr. en tout ?*

Prix total de vente 612,50 + 70, soit 682 fr. 50.
Prix d'un litre 682,50 : 350.

**Rép.** 1 fr. 95.

**653.** *Un marchand achète 145 litres de liqueur pour une somme totale de 406 francs : combien doit-il revendre le litre pour gagner 0 fr. 45 par litre ?*

Prix d'achat du litre 406 : 145, soit 2 fr. 80.
On devra revendre le litre 2,80 + 0,45.

**Rép.** 3 fr. 25.

**654.** *Un portail de fer et sa grille pèsent en tout 12 650 kilogr., le portail pèse lui seul 1 240 kilogr.; on paye 0 fr. 45 le kilogr. pour le portail et 0 fr. 28 pour la grille : quelle somme doit-on débourser ?*

Poids de la grille 12 650 — 1 240, ou 11 410 kilogr.
Prix du portail    1 240 × 0,45, soit   558 fr.
Prix de la grille  11 410 × 0,28,  «  3 194 fr. 80.
Prix total 558 + 3 194,80.

**Rép.** 3 752 fr. 80.

---

# EXERCICES SUR LES MESURES MÉTRIQUES

---

(Nous ne mentionnons pas ici les questions dont la réponse est toute matérielle. Exemple : la mesure d'une longueur, le tracé d'une ligne, etc.).

## § I. Mesures de longueur.

**655.** *Qu'est-ce que le décimètre ?*
Le décimètre est la dixième partie du mètre.

**659.** *Qu'est-ce que le centimètre ?*
Le centimètre est la centième partie du mètre.

**675.** *Qu'est-ce que le décamètre ?*
Le décamètre est une longueur de 10 mètres.

**676.** *Qu'est-ce que l'hectomètre ?*
L'hectomètre est une longueur de 100 mètres.

**677.** *Qu'est-ce que le kilomètre ?... le myriamètre ?*
Le kilomètre est une longueur de  1 000 mètres.
Le myriamètre          «          de 10 000     «

**678.** *Combien y a-t-il de mètres dans 3 décamètres, dans 5 hectomètres, dans 2 kilomètres ?*
  **Rép.** Dans 3 décam.  il y a $3 \times 10$    ou    30 mètres.
      «  5 hectom.   «   $5 \times 100$  ou  500     «
      «  2 kilom.    «   $2 \times 1 000$ ou 2 000     «

**679.** *Combien y a-t-il de décimètres dans 5 mètres, dans 3 décamètres, dans 40 centimètres ?*
  **Rép.** Dans  5 mèt.   il y a   $5 \times 10$  ou  50 décimètres.
      «   3 décam.   «    $3 \times 100$ ou 300     «
      «   40 centim.  «   $40 : 10$  ou   4     «

**680.** *Combien y a-t-il de mètres dans 60 décimètres, dans 700 centimètres, dans 4 000 millimètres ?*
  **Rép.** Dans   60 décimèt.  il y a    $60 : 10$    ou 6 mètres.
      «    700 centimèt.   «     $700 : 100$  ou 7     «
      «    4 000 millimèt.  «     $4 000 : 1 000$ ou 4     «

**681.** *Combien y a-t-il de kilomètres dans 4 myriamètres, dans 520 hectomètres ?*
  **Rép.** Dans   4 myriamèt. il y a    $4 \times 10$ ou 40 kilomètres.
      «   520 hectomèt.   «    $520 : 10$ ou 52     «

**682.** *Lorsqu'un mètre coûte 20 francs, combien coûte un décimètre ?*
Le décimètre coûte $20 : 10$.
  **Rép.** 2 fr.

**683.** *Lorsqu'un mètre de ruban coûte 80 centimes, combien coûte un décimètre ?*
Un décimètre coûte $80 : 10$.
  **Rép.** 8 centimes.

**684.** *Lorsqu'un mètre de drap coûte 16 fr., combien coûte un demi-mètre, un quart de mètre ?*
Un demi-mètre coûte $16 : 2$.
  **Rép.** 8 fr.
Un quart de mètre coûte $16 : 4$.
  **Rép.** 4 fr.

**685.** *Une pièce de toile a 42$^m$,25 : combien pourra-t-on faire* *de chemises avec cette toile, s'il faut 3ᵐ,25 de toile pour chaque chemise ?*

On pourra en faire 42,25 : 3,25.

**Rép.** 13 chemises.

**686**. *Un tableau noir a 2ᵐ,24 de longueur, trouver sa largeur, sachant qu'elle n'est que les trois quarts de la longueur.*

Le quart de 2,24 est 2,24 : 4, ou 0,56.
La largeur sera donc 0,56 × 3.

**Rép.** 1ᵐ,68.

**687**. *Une feuille de papier a 264 millimètres de longueur et 169 milllimètres de largeur : dire combien la longueur a de millimètres de plus que la largeur ?*

La longueur a de plus 264 — 169.

**Rép.** 95 millimètres.

**688**. *Un fil de fer a 415ᵐ,44 : combien pourra-t-il fournir de pointes, si la longueur d'une pointe est de 18 millimètres ?*

Il fournira 415,44 : 0,018.

**Rép.** 23 080 pointes.

**689**. *Quelle longueur obtient-on en mettant bout à bout 15 règles qui ont chacune 334 millimètres ?*

La longueur sera 334 × 15.

**Rép.** 5 mètres 01.

## § II. Mesures pour le bois de chauffage.

**690**. *Qu'est-ce que le décastère ?*
Le décastère est une mesure de 10 stères.

**691**. *Qu'est-ce que le décistère ?*
Le décistère est la dixième partie du stère.

**692**. *Combien y a-t-il de décistères dans 15 stères, dans 3 décastères ?*

**Rép.** Dans 15 stères il y a 15 × 10 ou 150 décistères.
     «      3 décast.  «     3 × 100 ou 300     «

**693**. *Combien y a-t-il de stères dans 5 décastères, dans 40 décistères ?*

**Rép.** Dans 5 décast. il y a 5 × 10 ou 50 stères.
     « 40 décist.  «  40 : 10 ou  4     «

**694**. *Combien 140 stères font-ils de décastères ?*
**Rép.** 140 stères font 140 : 10 ou 14 décastères.

**695**. *Combien coûtent 2 stères quand le décastère vaut 95 fr. 50 ?*

Le stère coûte 95,50 : 10, soit 9 fr. 55.
2 stères coûteront 9,55 × 2.

**Rép.** 19 fr. 10.

**696**. *Combien coûte le décistère quand le stère vaut 12 fr. 50 ?*
Le décistère coûte 12,5 : 10.

**Rép.** 1 fr. 25.

**697.** *Une coupe de bois a produit 845 stères : quelle somme retirera-t-on, si l'on vend le stère 11 fr. 50 ?*
On retirera 845 × 11,50.

**Rép.** 9 717 fr. 50.

**698.** *Trouver en décastères le bois renfermé dans 2 chantiers, sachant que le premier a 348 stères, et le second 412 stères ?*
Nombre de stères  348 + 412  ou 760.
Nombre de décast. 760 : 10.

**Rép.** 76 décast.

**699.** *Un marchand de bois devait livrer 134 décastères, il en a livré d'abord 450 stères, puis 525 stères : combien en doit-il encore ?*
On a livré 450 + 525, soit 975 stères.
On doit encore 1 340 — 975.

**Rép.** 365 stères.

**700.** *Combien doit-on payer pour 320 stères de bois, sachant que la moitié a été achetée 10 fr. 50 le stère et l'autre moitié à 11 fr. 25 ?*
La moitié de 320 est 320 : 2, ou 160 ;
160 × 10,5 = 1 680 fr. ; 160 × 11,25 = 1 800 fr.
On doit payer 1 680 + 1 800.

**Rép.** 3 480 fr.

**701.** *Un bateau contient 360 stères de bois coûtant 3 612 fr. ; on vend le stère 12 fr. 60 : quel bénéfice fait-on ?*
Prix de vente 360 × 12,60, soit 4 536 fr.
Bénéfice 4 536 — 3 612.

**Rép.** 924 fr.

## § III. Mesures de contenance.

**702.** *Qu'est-ce que le décalitre ?*
Le décalitre est une mesure de 10 litres.

**703.** *Qu'est-ce que le décilitre ?*
Le décilitre est la dixième partie du litre.

**706.** *Qu'est-ce que l'hectolitre?*

L'hectolitre est une mesure de 100 litres.

**707.** *Qu'est-ce que le kilolitre?*

Le kilolitre est une mesure de 1 000 litres.

**708.** *Qu'est-ce que le double-décalitre?*

Le double-décalitre est une mesure de 20 litres.

**709.** *Qu'est-ce que le centilitre?*

Le centilitre est la centième partie du litre.

**710.** *Combien y a-t-il de litres dans 3 décalitres, dans un demi-décalitre?*

Dans 3 décalit. il y a $3 \times 10$ ou 30 litres.
Dans un demi-décalit. il y a $10 : 2$ ou 5 litres.

**711.** *Combien y a-t-il de litres dans 40 décilitres, dans 25 décilitres?*

Dans 40 décilit. il y a $40 : 10$ ou 4 litres.
«    25    «        «    $25 : 10$ ou 2 lit. 5.

**712.** *Lorsqu'un litre d'huile coûte 2 fr., combien coûtent trois litres, un demi-litre, un quart de litre?*

Les 3 litres coûtent $2 \times 3$, soit 6 fr.
Un demi-litre coûte $2 : 2$    «    1 fr.
Un quart de litre coûte $2 : 4$    «    0 fr. 50.

**713.** *Quelle est la contenance de 2 seaux, sachant que le premier contient 12 litres 5 décilitres, et le second 11 litres 6 décilitres?*

La contenance est $12,5 + 11,6$.
**Rép.** 24 lit. 1.

**714.** *Un sac contient 6 doubles-décalitres de riz, un autre sac n'en renferme que 55 litres : quelle est la contenance de ces 2 sacs?*

6 doubles-décalit. égalent $20 \times 6$ ou 120 litres.
La contenance est $120 + 55$.
**Rép.** 175 litres.

**715.** *Lorsqu'une gerbe fournit 1 litre 4 décilitres de blé, combien fourniront 745 gerbes?*

Elles fourniront $745 \times 1,4$.
**Rép.** 1043 litres.

**716.** *Un vase renferme 12 litres de lait : quelle somme recevra-t-on, si l'on vend le lait 25 centimes le litre?*

On recevra $12 \times 0,25$.
**Rép.** 3 francs.

**717.** *Combien coûtent 5 hectolitres de vin à 0 fr. 45 le litre ?*
5 hectolitres font 500 litres.
Ils coûteront $500 \times 0,45$.

**Rép.** 225 fr.

**718.** *Combien coûte un tonneau d'huile de 250 lit., à raison de 1 fr. 45 le litre ?*

Il coûte $250 \times 1,45$.

**Rép.** 362 fr. 50.

**719.** *Une fontaine donne 5 litres 4 décilitres par minute : dans combien de minutes aura-t-elle rempli un bassin qui contient 297 litres ?*

Il lui faudra $297 : 5,4$.

**Rép.** 55 minutes.

**720.** *Une vache donne en moyenne 17 litres de lait par jour : combien aura-t-elle donné après 30 jours, et quelle sera la valeur du lait à raison de 25 centimes le litre ?*

Lait donné en 30 jours $17 \times 30$, soit 510 litres.
Prix du lait $510 \times 0,25$.

**Rép.** 127 fr. 5.

## § IV. Mesures de poids.

**721.** *Qu'est-ce que le décagramme ?*
Le décagramme est un poids de 10 grammes.

**722.** *Qu'est-ce que le décigramme ?*
Le décigr. est un poids qui est la dixième partie du gramme.

**723.** *Combien y a-t-il de grammes dans 3 décagrammes, dans 7 décagrammes ?*

Dans 3 décagr. il y a $3 \times 10$, soit 30 grammes.
   «   7   «     «    $7 \times 10$   «   70     «

**724.** *Combien y a-t-il de grammes dans 40 décigrammes, dans 60 décigrammes ?*

Dans 40 décigr. il y a $40 : 10$ ou 4 grammes.
   «    60     «      «    $60 : 10$   «   6     «

**725.** *Qu'est-ce que l'hectogramme ?*
L'hectogramme est un poids de 100 grammes.

**726.** *Qu'est-ce que le kilogramme ?*
Le kilogramme est un poids de 1000 grammes.

**727.** *Combien 50 hectogrammes font-ils de kilogrammes ?*
50 hectogr. font $50 : 10$, soit 5 kilogrammes.

**728.** *Combien 12 kilogrammes font-ils d'hectogrammes?*
12 kilogr. font $12 \times 10$, soit 120 hectogr.

**729.** *Qu'est-ce que le myriagramme?*
Le myriagramme est un poids de 10000 grammes.

**730.** *Combien faut-il de décagrammes pour faire un hectogramme?*
Il faut 10 décagr. pour faire un hectogramme.


**734.** *Quel est le poids total de 3 caisses pesant respectivement 45 kilogr. 3, 58 kilogr. 7 et 65 kilogr. 25?*
Le poids total est $45,3 + 58,7 + 65,25$.
   **Rép.** 169 kilogr. 25.

**735.** *Que doit-on payer pour 45 kilogr. 5 de café, à raison de 3 fr. 75 le kilogramme?*
On doit payer $45,5 \times 3,75$.
   **Rép.** 170 fr. 625.

**736.** *On demande ce que coûtera un portail de fer du poids de 875 kilogr., à raison de 28 fr. 5 les 100 kilogr.?*
Il coûtera $8,75 \times 28,5$.
   **Rép.** 249 fr. 375.

**737.** *Lorsqu'un kilogr. coûte 3 fr. 50, combien coûteront 5 hectogrammes?*
Un hectogr. coûtera $3,50 : 10$, ou $0,35$.
5 hectogr. coûteront $5 \times 0,35$.
   **Rép.** 1 fr. 75.

**738.** *Lorsque l'hectogramme coûte 0 fr. 65 cent., combien coûteront 15 kilogr.?*
Prix d'un kilogr. $0,65 \times 10$, ou 6 fr. 50.
Prix de 15 kilogr. $15 \times 6,5$.
   **Rép.** 97 fr. 50.

**739.** *Combien pèsent 845 litres d'eau de mer, si un litre pèse 1 kilogr. 025?*
Ils pèsent $845 \times 1,025$.
   **Rép.** 866 kilogr. 125.

**740.** *Quel est le poids d'un tonneau de vin de 228 litres, sachant qu'un litre de vin pèse 0 kilogr. 997 et que le tonneau vide pèse 45 kilogr. 650?*
Poids du vin $228 \times 0,997$, ou 227 kilogr. 316.
Poids total $227,316 + 45,650$.
   **Rép.** 272 kilogr. 966.

**741.** *Quel est le poids d'un objet, sachant que pour le peser*

*on a mis dans un des plateaux de la balance un poids de 50 gr.,
deux poids de 20 gr. et un poids de 5 grammes?*

Le poids est $50 + 40 + 5$.

**Rép.** 95 grammes.

**742.** *Quel est le poids d'une caisse, sachant qu'on a employé
pour la peser deux poids de 20 kilogr., un poids de 10 kilogr.,
un poids de 5 kilogr. et deux poids de 2 kilogr.?*

Le poids est $40 + 10 + 5 + 4$.

**Rép.** 59 kilogr.

**743.** *Une pièce de 50 fr. en or pèse 16 gr. 129, et une pièce de
10 fr. 3 gr. 2258 : quelle est la différence de poids de ces deux
pièces?*

La différence est $16{,}129 - 3{,}2258$.

**Rép.** 12 gr. 9032.

**744.** *Une cuiller en argent pèse 45 gr. 35, et une fourchette
38 gr. 45 : quelle est la différence des deux poids?*

La différence est $45{,}35 - 38{,}45$.

**Rép.** 6 gr. 90.

**745.** *100 fr. en argent pèsent 500 grammes, 100 fr. en or
pèsent 32 gr. 258 : combien 100 fr. en argent pèsent-ils de fois
plus que 100 fr. en or?*

$500 : 32{,}258$.

**Rép.** Ils pèsent 15,5 fois plus.

## § V. Mesures monétaires.

**746.** *Combien 3 fr. valent-ils de décimes, de centimes ?*

3 fr. valent 30 décimes, 300 centimes.

**747.** *Combien y a-t-il de francs dans 40 décimes?*

Dans 40 décimes il y a $40 : 10$, soit 4 fr.

**748.** *Combien y a-t-il de francs dans 300 centimes?*

Dans 300 centimes il y a $300 : 100$, soit 3 fr.

**749.** *Quel est le poids de 45 pièces de 1 fr.?*

Le poids est $45 \times 5$.

**Rép.** 225 grammes.

**750.** *Quel est le poids de 14 pièces de 5 fr. en argent, sachant
que la pièce de 5 fr. pèse 25 grammes?*

Le poids est $14 \times 25$.

**Rép.** 350 grammes.

**751.** *Quelle somme a-t-on payée avec 12 pièces de 20 fr. et 16 pièces de 5 fr.?*

12 pièces de 20 fr. font 12 × 20, soit 240 fr.
16    «    5    «    16 × 5    «    80.
On a payé 240 + 80.

**Rép.** 320 fr.

**752.** *Quelle somme a-t-on payée avec 14 pièces de 5 francs, 18 pièces de 2 fr. et 12 pièces de 50 centimes?*

14 pièces de 5 fr. font 14 × 5, soit 70 fr.
18    «    2    «    18 × 2    «    36
12    «    0,50    «    12 × 0,5 «    6.
On a payé 70 + 36 + 6.

**Rép.** 112 francs.

**753.** *Un sac contenait 2000 fr., on en retire 185 pièces de 5 fr. et 120 pièces de 2 fr. : quelle somme reste-t-il dans le sac?*

185 pièces de 5 fr. font 185 × 5, ou 925 fr.
120    «    2    «    120 × 2, ou 240.
Somme retirée 925 + 240, soit 1165 fr.
Il reste donc dans le sac 2000 — 1165.

**Rép.** 835 francs.

**754.** *Quel est le poids d'un objet qui pèse autant que 42 pièces de 10 centimes?*

Le poids est 42 × 10.

**Rép.** 420 grammes.

**755.** *Quel est le poids d'un objet qui pèse autant que 17 pièces de 5 fr. en argent?*

Le poids est 17 × 25.

**Rép.** 425 grammes.

**756.** *108 fr. en monnaie de bronze pèsent 10 kilogr. 800 : quel est le poids de 108 fr. en argent, sachant qu'une somme en argent pèse 20 fois moins que la même somme en bronze?*

108 fr. en argent pèsent 10800 : 20.

**Rép.** 540 grammes.

**757.** *180 fr. en argent pèsent 900 grammes : quel est le poids de 180 fr. en or, sachant qu'une somme en or pèse 15,5 fois moins que la même somme en argent?*

180 fr. en or pèsent 900 : 15,5.

**Rép.** 58 gr. 06.

**758.** *Un sac rempli d'argent monnayé pèse 3425 grammes; le poids du sac vide est de 75 grammes : quelle est la valeur de la somme contenue dans le sac?*

Le poids de l'argent est 3425 — 75, soit 3 350 gr.
Valeur de la somme 3 350 : 5.

**Rép.** 670 francs.

**759.** *Un lingot d'argent monnayé pèse 2675 gr. : combien pourra-t-on avec ce lingot fabriquer de pièces de 5 fr.?*

On en pourra faire 2675 : 25.

**Rép.** 107 pièces.

**760.** *Un lingot d'or monnayé pèse 1612 gr. 9 : combien pourra-t-on avec ce lingot fabriquer de pièces de 20 fr., sachant que la pièce de 20 fr. pèse 6 gr. 4516?*

On en pourra faire 1612,9 : 6,4516.

**Rép.** 250 pièces.

# EXERCICES

### ET

# PROBLÈMES DE RÉCAPITULATION

## § I. Additions.

| | | | | | | | |
|---|---|---|---|---|---|---|---|
| **761.** | 515 + 472 | **Rép.** | 987 | **777.** | 637 + 261 | **Rép.** | 898 |
| **762.** | 342 + 547 | « | 889 | **778.** | 275 + 308 | « | 583 |
| **763.** | 142 + 527 | « | 669 | **779.** | 528 + 635 | « | 1163 |
| **764.** | 342 + 637 | « | 979 | **780.** | 954 + 75 | « | 1029 |
| **765.** | 241 + 728 | « | 969 | **781.** | 249 + 754 | « | 1003 |
| **766.** | 375 + 624 | « | 999 | **782.** | 348 + 659 | « | 1007 |
| **767.** | 228 + 371 | « | 599 | **783.** | 521 + 637 | « | 1158 |
| **768.** | 542 + 127 | « | 669 | **784.** | 146 + 809 | « | 955 |
| **769.** | 804 + 192 | « | 996 | **785.** | 369 + 581 | « | 950 |
| **770.** | 123 + 456 | « | 579 | **786.** | 470 + 643 | « | 1113 |
| **771.** | 763 + 215 | « | 978 | **787.** | 876 + 543 | « | 1419 |
| **772.** | 234 + 562 | « | 796 | **788.** | 978 + 498 | « | 1476 |
| **773.** | 765 + 231 | « | 996 | **789.** | 765 + 432 | « | 1197 |
| **774.** | 628 + 360 | « | 988 | **790.** | 135 + 698 | « | 833 |
| **775.** | 806 + 142 | « | 948 | **791.** | 159 + 894 | « | 1053 |
| **776.** | 343 + 614 | « | 957 | **792.** | 370 + 978 | « | 1348 |

| 793. | 175 + 714 | Rép. | 889 | 825. | 817 + 698 | Rép. | 1515 |
|---|---|---|---|---|---|---|---|
| 794. | 983 + 679 | « | 1662 | 826. | 497 + 875 | « | 1372 |
| 795. | 887 + 677 | « | 1564 | 827. | 375 + 845 | « | 1220 |
| 796. | 399 + 187 | « | 586 | 828. | 319 + 889 | « | 1208 |
| 797. | 67 + 981 | « | 1048 | 829. | 747 + 693 | « | 1440 |
| 798. | 875 + 778 | « | 1653 | 830. | 429 + 318 | « | 747 |
| 799. | 366 + 769 | « | 1135 | 831. | 694 + 749 | « | 1443 |
| 800. | 778 + 889 | « | 1667 | 832. | 358 + 367 | « | 725 |
| 801. | 562 + 783 | « | 1345 | 833. | 918 + 793 | « | 1711 |
| 802. | 172 + 289 | « | 461 | 834. | 877 + 428 | « | 1305 |
| 803. | 375 + 428 | « | 803 | 835. | 336 + 782 | « | 1118 |
| 804. | 578 + 697 | « | 1275 | 836. | 974 + 808 | « | 1782 |
| 805. | 725 + 892 | « | 1617 | 837. | 909 + 96 | « | 1005 |
| 806. | 915 + 821 | « | 1736 | 838. | 287 + 978 | « | 1265 |
| 807. | 706 + 592 | « | 1298 | 839. | 898 + 327 | « | 1225 |
| 808. | 429 + 373 | « | 802 | 840. | 903 + 789 | « | 1692 |
| 809. | 639 + 743 | « | 1382 | 841. | 975 + 72 | « | 1047 |
| 810. | 877 + 309 | « | 1186 | 842. | 725 + 974 | « | 1699 |
| 811. | 893 + 684 | « | 1577 | 843. | 225 + 358 | « | 583 |
| 812. | 378 + 469 | « | 847 | 844. | 790 + 632 | « | 1422 |
| 813. | 558 + 373 | « | 931 | 845. | 829 + 872 | « | 1701 |
| 814. | 987 + 889 | « | 1876 | 846. | 743 + 635 | « | 1378 |
| 815. | 713 + 689 | « | 1402 | 847. | 658 + 497 | « | 1155 |
| 816. | 728 + 697 | « | 1425 | 848. | 398 + 717 | « | 1115 |
| 817. | 943 + 85 | « | 1028 | 849. | 765 + 898 | « | 1663 |
| 818. | 748 + 357 | « | 1105 | 850. | 696 + 545 | « | 1241 |
| 819. | 697 + 309 | « | 1006 | 851. | 424 + 897 | « | 1321 |
| 820. | 846 + 429 | « | 1275 | 852. | 691 + 909 | « | 1600 |
| 821. | 748 + 875 | « | 1623 | 853. | 763 + 893 | « | 1656 |
| 822. | 378 + 797 | « | 1175 | 854. | 918 + 897 | « | 1815 |
| 823. | 906 + 689 | « | 1595 | 855. | 558 + 776 | « | 1334 |
| 824. | 813 + 798 | « | 1611 | 856. | 819 + 667 | « | 1486 |

| 857 | 325 043 274 | 859 | 751 882 413 | 861 | 773 889 527 | 863 | 639 529 293 | 865 | 642 501 378 | 867 | 871 647 264 |
|---|---|---|---|---|---|---|---|---|---|---|---|
| | R. 1242 | | R. 2046 | | R. 2189 | | R. 1461 | | R. 1521 | | R. 1782 |
| 858 | 825 787 697 | 860 | 668 609 385 | 862 | 757 883 439 | 864 | 48 884 633 | 866 | 763 645 379 | 868 | 713 897 649 |
| | R. 2309 | | R. 1662 | | R. 2079 | | R. 1565 | | R. 1787 | | R. 2259 |

| N° | | | | Résultat |
|---|---|---|---|---|
| 869 | 891 | 308 | 675 | R. 1874 |
| 870 | 976 | 803 | 98 | R. 1877 |
| 871 | 788 | 881 | 513 | R. 2182 |
| 872 | 826 | 789 | 698 | R. 2313 |
| 873 | 752 | 665 | 523 | R. 1940 |
| 874 | 841 | 791 | 576 | R. 2208 |
| 875 | 774 | 618 | 579 | R. 1971 |
| 876 | 738 | 624 | 342 | R. 1724 |
| 877 | 832 | 797 | 377 | R. 2006 |
| 878 | 747 | 886 | 502 | R. 2135 |
| 879 | 632 | 535 | 309 | R. 1476 |
| 880 | 846 | 783 | 503 | R. 2132 |
| 881 | 872 | 568 | 323 | R. 1763 |
| 882 | 767 | 718 | 819 | R. 2304 |
| 883 | 613 | 97 | 825 | R. 1535 |
| 884 | 768 | 880 | 717 | R. 2365 |
| 885 | 798 | 699 | 517 | R. 2014 |
| 886 | 827 | 790 | 618 | R. 2235 |
| 887 | 753 | 667 | 387 | R. 1807 |
| 888 | 842 | 792 | 620 | R. 2254 |
| 889 | 619 | 527 | 613 | R. 1759 |
| 890 | 759 | 885 | 625 | R. 2269 |
| 891 | 833 | 784 | 628 | R. 2245 |
| 892 | 749 | 629 | 381 | R. 1759 |
| 893 | 764 | 889 | 507 | R. 2160 |
| 894 | 847 | 782 | 424 | R. 2053 |
| 895 | 738 | 343 | 454 | R. 1535 |
| 896 | 349 | 607 | 327 | R. 1283 |
| 897 | 837 | 786 | 519 | R. 2142 |
| 898 | 769 | 854 | 681 | R. 2304 |
| 899 | 744 | 79 | 649 | R. 1472 |
| 900 | 828 | 736 | 741 | R. 2305 |
| 901 | 754 | 670 | 393 | R. 1817 |
| 902 | 843 | 793 | 375 | R. 2011 |
| 903 | 775 | 877 | 376 | R. 2028 |
| 904 | 760 | 876 | 626 | R. 2262 |
| 905 | 834 | 737 | 620 | R. 2191 |
| 906 | 731 | 87 | 321 | R. 1139 |
| 907 | 765 | 781 | 525 | R. 2071 |
| 908 | 848 | 739 | 613 | R. 2200 |
| 909 | 849 | 938 | 542 | R. 2349 |
| 910 | 743 | 537 | 418 | R. 1698 |
| 911 | 838 | 785 | 431 | R. 2054 |
| 912 | 771 | 878 | 682 | R. 2331 |
| 913 | 745 | 672 | 426 | R. 1843 |
| 914 | 829 | 685 | 491 | R. 2005 |
| 915 | 755 | 671 | 498 | R. 1924 |
| 916 | 844 | 794 | 148 | R. 1786 |
| 917 | 776 | 875 | 383 | R. 2034 |
| 918 | 761 | 874 | 511 | R. 2146 |
| 919 | 835 | 796 | 631 | R. 2262 |
| 920 | 779 | 873 | 636 | R. 2288 |
| 921 | 766 | 908 | 706 | R. 2380 |
| 922 | 497 | 743 | 974 | R. 2214 |
| 923 | 840 | 734 | 521 | R. 2104 |
| 924 | 799 | 683 | 515 | R. 1997 |
| 925 | 893 | 735 | 574 | R. 2202 |
| 926 | 772 | 684 | 575 | R. 2031 |
| 927 | 746 | 688 | 389 | R. 1823 |
| 928 | 831 | 733 | 318 | R. 1882 |
| 929 | 756 | 531 | 316 | R. 1603 |
| 930 | 843 | 795 | 362 | R. 2002 |
| 931 | 777 | 509 | 319 | R. 1603 |
| 932 | 762 | 778 | 533 | R. 2073 |
| 933 | 836 | 732 | 477 | R. 2045 |
| 934 | 718 | 813 | 916 | R. 2447 |
| 935 | 315 | 1343 | 6907 | R. 8565 |
| 936 | 456 | 3625 | 996 | R. 5077 |
| 937 | 1634 | 978 | 3608 | R. 6220 |
| 938 | 8307 | 1397 | 948 | R. 10652 |
| 939 | 2416 | 1817 | 843 | R. 5076 |
| 940 | 3495 | 717 | 1345 | R. 5557 |

| No. | | R. | No. | | R. | No. | | R. | No. | | R. | No. | | R. |
|---|---|---|---|---|---|---|---|---|---|---|---|---|---|---|
| 941 | 4632<br>1096<br>891 | 6619 | 953 | 7654<br>3210<br>876 | 11740 | 965 | 2065<br>3650<br>7608 | 13323 | 977 | 1628<br>3717<br>923 | 6268 | 989 | 9101<br>3719<br>2345 | 15165 |
| 942 | 874<br>5623<br>1094 | 7591 | 954 | 9347<br>7625<br>5264 | 22236 | 966 | 1278<br>2791<br>9007 | 13076 | 978 | 5276<br>2917<br>670 | 8823 | 990 | 3695<br>5495<br>794 | 9984 |
| 943 | 2345<br>787<br>6243 | 9375 | 955 | 3275<br>7520<br>5237 | 16032 | 967 | 3717<br>4343<br>5656 | 13716 | 979 | 3879<br>8007<br>7948 | 19834 | 991 | 3748<br>877<br>1424 | 6049 |
| 944 | 4067<br>925<br>3870 | 8862 | 956 | 3927<br>5445<br>9024 | 18396 | 968 | 5425<br>7887<br>9041 | 22353 | 980 | 5415<br>1143<br>8807 | 15365 | 992 | 5623<br>4315<br>3620 | 13558 |
| 945 | 6425<br>8742<br>3609 | 18776 | 957 | 8631<br>1386<br>8363 | 18380 | 969 | 628<br>6283<br>3860 | 10771 | 981 | 628<br>5435<br>974 | 7037 | 993 | 4407<br>3996<br>7782 | 16185 |
| 946 | 8425<br>308<br>1971 | 10704 | 958 | 5455<br>791<br>3545 | 9791 | 970 | 3143<br>6139<br>1921 | 11203 | 982 | 1497<br>1595<br>1889 | 4981 | 994 | 3608<br>4097<br>9072 | 16777 |
| 947 | 6223<br>5336<br>792 | 12351 | 959 | 8364<br>3648<br>1761 | 13773 | 971 | 4520<br>5971<br>7694 | 18185 | 983 | 3141<br>5927<br>280 | 9348 | 995 | 1884<br>6372<br>7409 | 15665 |
| 948 | 3265<br>4805<br>741 | 8811 | 960 | 2864<br>8462<br>648 | 11974 | 972 | 4025<br>6347<br>9029 | 19401 | 984 | 3091<br>8625<br>3097 | 14813 | 996 | 1357<br>2468<br>369 | 4194 |
| 949 | 4625<br>5227<br>3691 | 13543 | 961 | 4625<br>2871<br>1048 | 8544 | 973 | 5485<br>3217<br>415 | 9117 | 985 | 5465<br>6180<br>7424 | 19069 | 997 | 8976<br>5432<br>198 | 14606 |
| 950 | 5219<br>4417<br>918 | 10554 | 962 | 3348<br>4617<br>5849 | 13814 | 974 | 5192<br>8315<br>748 | 14255 | 986 | 3975<br>2462<br>8081 | 14518 | 998 | 3809<br>5475<br>7083 | 16367 |
| 951 | 692<br>1625<br>6938 | 9255 | 963 | 5632<br>6035<br>917 | 12584 | 975 | 5425<br>4624<br>6226 | 16275 | 987 | 7125<br>3225<br>914 | 11264 | 999 | 4761<br>2579<br>1351 | 8691 |
| 952 | 8765<br>4321<br>5780 | 18866 | 964 | 8625<br>3091<br>1082 | 12798 | 976 | 3562<br>1234<br>5678 | 10474 | 988 | 776<br>3642<br>1483 | 5901 | | | |

| No | | | | | R. |
|---|---|---|---|---|---|
| 1000 | 2548 | 3657 | 4835 | 5630 | 16670 |
| 1001 | 4625 | 3287 | 1906 | 874 | 10692 |
| 1002 | 9064 | 8325 | 7417 | 2548 | 27354 |
| 1003 | 1625 | 197 | 798 | 8625 | 11245 |
| 1004 | 3448 | 765 | 897 | 1649 | 6759 |
| 1005 | 5824 | 3079 | 2607 | 948 | 12458 |
| 1006 | 2377 | 4065 | 946 | 4029 | 11417 |
| 1007 | 5025 | 6706 | 3742 | 718 | 16191 |
| 1008 | 349 | 1897 | 603 | 2809 | 5658 |
| 1009 | 948 | 1697 | 2812 | 819 | 6276 |
| 1010 | 9143 | 8267 | 941 | 1774 | 20125 |
| 1011 | 2787 | 3078 | 6748 | 542 | 13155 |
| 1012 | 4261 | 3209 | 644 | 91 | 8205 |
| 1013 | 8877 | 9076 | 3471 | 828 | 22252 |
| 1014 | 3852 | 5282 | 2358 | 8325 | 19817 |
| 1015 | 6543 | 5426 | 7063 | 425 | 19457 |
| 1016 | 8106 | 391 | 7430 | 927 | P. 16854 |
| 1017 | 1237 | 4569 | 748 | 75 | 6629 |
| 1018 | 483 | 975 | 1624 | 972 | 4054 |
| 1019 | 3639 | 4884 | 619 | 1996 | 11138 |
| 1020 | 2524 | 3636 | 5272 | 941 | 12373 |
| 1021 | 7625 | 2315 | 8717 | 419 | 19076 |
| 1022 | 1287 | 3190 | 4148 | 1064 | 9689 |
| 1023 | 2007 | 3609 | 4075 | 5624 | 15312 |
| 1024 | 8767 | 3072 | 6029 | 338 | 18206 |
| 1025 | 4072 | 597 | 321 | 1416 | 6406 |
| 1026 | 4025 | 1974 | 3628 | 2075 | 11702 |
| 1027 | 3526 | 7321 | 4976 | 7783 | 23606 |
| 1028 | 914 | 8761 | 5420 | 399 | 15494 |
| 1029 | 3479 | 5679 | 8307 | 674 | 18139 |
| 1030 | 6260 | 728 | 1369 | 7021 | 15378 |
| 1031 | 3674 | 2129 | 4207 | 508 | 10518 |
| 1032 | 3748 | 7525 | 3971 | 606 | 15850 |
| 1033 | 3097 | 4025 | 5708 | 9007 | 21837 |
| 1034 | 1768 | 5287 | 9856 | 3724 | 20635 |
| 1035 | 1345 | 6252 | 9701 | 118 | 17416 |
| 1036 | 2379 | 4567 | 8107 | 6121 | 21174 |
| 1037 | 3124 | 7096 | 823 | 1027 | 12070 |
| 1038 | 3199 | 4776 | 917 | 826 | 9718 |
| 1039 | 1099 | 1492 | 3717 | 525 | 6833 |
| 1040 | 1357 | 9135 | 2468 | 246 | 13206 |
| 1041 | 8223 | 2425 | 3738 | 4345 | 18731 |
| 1042 | 5664 | 7678 | 8183 | 9699 | 31224 |
| 1043 | 687 | 1029 | 3078 | 4916 | 9710 |
| 1044 | 8900 | 7302 | 6417 | 3813 | 26432 |
| 1045 | 9068 | 7043 | 1967 | 3025 | 21103 |
| 1046 | 1887 | 6335 | 1028 | 329 | 9579 |
| 1047 | 743 | 6025 | 1948 | 2075 | 10791 |
| 1048 | 3306 | 4887 | 7677 | 9875 | 25745 |
| 1049 | 1589 | 2025 | 3048 | 7721 | 14383 |

SOLUTIONS DES EXERCICES

| No | | No | | No | | No | | No | |
|---|---|---|---|---|---|---|---|---|---|
| 1050 | 5670 | 1060 | 4345 | 1070 | 5428 | 1080 | 2735 | 1090 | 8647 |
| | 8391 | | 5665 | | 6732 | | 3849 | | 9875 |
| | 616 | | 2976 | | 8824 | | 4571 | | 7643 |
| | 1075 | | 7871 | | 3776 | | 574 | | 6625 |
| R. | 15752 | R. | 20857 | R. | 24760 | R. | 11729 | R. | 32790 |
| 1051 | 2078 | 1061 | 3927 | 1071 | 8742 | 1081 | 5263 | 1091 | 9345 |
| | 3945 | | 3872 | | 9025 | | 6417 | | 8277 |
| | 6284 | | 4143 | | 817 | | 7193 | | 7175 |
| | 271 | | 5257 | | 3608 | | 8021 | | 2046 |
| R. | 12578 | R. | 17199 | R. | 22192 | R. | 26894 | R. | 26843 |
| 1052 | 9025 | 1062 | 7079 | 1072 | 3453 | 1082 | 9476 | 1092 | 3539 |
| | 3628 | | 6871 | | 1416 | | 8007 | | 4847 |
| | 781 | | 3094 | | 781 | | 6406 | | 3109 |
| | 3602 | | 228 | | 1274 | | 1671 | | 7695 |
| R. | 17036 | R. | 17272 | R. | 6924 | R. | 25560 | R. | 19190 |
| 1053 | 729 | 1063 | 768 | 1073 | 8225 | 1083 | 2367 | 1093 | 2548 |
| | 1092 | | 1827 | | 3719 | | 4569 | | 5076 |
| | 8705 | | 3798 | | 8771 | | 2754 | | 4520 |
| | 3718 | | 4528 | | 9075 | | 1948 | | 225 |
| R. | 14244 | R. | 10921 | R. | 29790 | R. | 11638 | R. | 12369 |
| 1054 | 4123 | 1064 | 6798 | 1074 | 7342 | 1084 | 3936 | 1094 | 1182 |
| | 5725 | | 9876 | | 5074 | | 3482 | | 3877 |
| | 8071 | | 7432 | | 3207 | | 5728 | | 8269 |
| | 9914 | | 1025 | | 2091 | | 7802 | | 7454 |
| R. | 27833 | R. | 25131 | R. | 17714 | R. | 20948 | R. | 20782 |
| 1055 | 1621 | 1065 | 1318 | 1075 | 1768 | 1085 | 6421 | 1095 | 5591 |
| | 1394 | | 3089 | | 3137 | | 3975 | | 8737 |
| | 3025 | | 1871 | | 942 | | 2038 | | 1097 |
| | 2948 | | 3183 | | 1875 | | 4590 | | 427 |
| R. | 8988 | R. | 9461 | R. | 7722 | R. | 17024 | R. | 15852 |
| 1056 | 5677 | 1066 | 1734 | 1076 | 5232 | 1086 | 1025 | 1096 | 798 |
| | 6788 | | 8261 | | 8077 | | 2602 | | 977 |
| | 9127 | | 654 | | 149 | | 3947 | | 9679 |
| | 447 | | 329 | | 3077 | | 4625 | | 8227 |
| R. | 22039 | R. | 10978 | R. | 16535 | R. | 12199 | R. | 19681 |
| 1057 | 370 | 1067 | 8796 | 1077 | 3872 | 1087 | 3635 | 1097 | 7813 |
| | 2348 | | 9784 | | 5940 | | 6178 | | 9061 |
| | 3917 | | 5796 | | 2748 | | 9763 | | 3875 |
| | 4079 | | 7630 | | 666 | | 8876 | | 6283 |
| R. | 10714 | R. | 32006 | R. | 13226 | R. | 28452 | R. | 27032 |
| 1058 | 639 | 1068 | 8091 | 1078 | 9194 | 1088 | 1778 | 1098 | 7289 |
| | 95 | | 7605 | | 7028 | | 2881 | | 3781 |
| | 8072 | | 8432 | | 3917 | | 3979 | | 8072 |
| | 735 | | 9964 | | 2747 | | 5877 | | 5632 |
| R. | 9541 | R. | 34092 | R. | 22886 | R. | 14515 | R. | 24774 |
| 1059 | 9877 | 1069 | 2127 | 1079 | 8109 | 1089 | 3048 | 1099 | 8327 |
| | 6544 | | 9174 | | 7910 | | 4075 | | 9435 |
| | 3211 | | 2817 | | 2078 | | 5748 | | 6742 |
| | 8765 | | 3061 | | 3035 | | 6957 | | 8854 |
| R. | 28397 | R. | 17179 | R. | 21132 | R. | 19828 | R. | 33358 |

| N° | | N° | | N° | | N° | |
|---|---|---|---|---|---|---|---|
| 100 | 848,37<br>718,43<br>98,75<br>125,34<br>913,41 | 1108 | 98,95<br>108,27<br>817,33<br>745,55<br>219,35 | 1116 | 325,45<br>1813,25<br>3617,65<br>916,20<br>795,60 | 1124 | 3721,48<br>2017,34<br>523,75<br>817,93<br>1053,19 |
| **R.** | 2704,30 | **R.** | 1989,45 | **R.** | 7468,15 | **R.** | 8133,69 |
| 1101 | 524,46<br>359,27<br>1024,32<br>297,65<br>82,75 | 1109 | 148,25<br>7043,47<br>835,23<br>96,95<br>1035,29 | 1117 | 4816,35<br>318,45<br>432,71<br>525,80<br>732,90 | 1125 | 843,28<br>637,54<br>916,11<br>1028,45<br>497,15 |
| **R.** | 2288,45 | **R.** | 9159,19 | **R.** | 6826,21 | **R.** | 3922,53 |
| 1102 | 941,25<br>874,35<br>1425,32<br>948,28<br>630,55 | 1110 | 342,75<br>1918,27<br>214,33<br>516,40<br>2091,70 | 1118 | 445,85<br>2417,15<br>816,05<br>90,95<br>1814,25 | 1126 | 4315,70<br>528,37<br>419,53<br>213,05<br>1218,00 |
| **R.** | 4819,75 | **R.** | 5083,45 | **R.** | 5584,25 | **R.** | 6694,65 |
| 1103 | 142,59<br>254,75<br>318,85<br>416,32<br>592,23 | 1111 | 664,25<br>708,30<br>890,35<br>1915,46<br>125,00 | 1119 | 310,65<br>415,95<br>719,60<br>872,90<br>2322,45 | 1127 | 975,18<br>324,14<br>1309,55<br>848,33<br>1004,20 |
| **R.** | 1724,74 | **R.** | 4303,36 | **R.** | 4641,55 | **R.** | 4461,40 |
| 1104 | 145,60<br>76,75<br>192,15<br>207,05<br>359,90 | 1112 | 718,55<br>317,23<br>415,77<br>3072,45<br>874,50 | 1120 | 1234,58<br>632,22<br>159,74<br>2108,21<br>970,45 | 1128 | 345,10<br>286,44<br>1372,71<br>809,90<br>2648,35 |
| **R.** | 981,45 | **R.** | 5398,50 | **R.** | 5105,20 | **R.** | 5462,50 |
| 1105 | 223,70<br>448,35<br>1774,10<br>909,25<br>1318,75 | 1113 | 448,45<br>2306,05<br>2743,17<br>882,43<br>94,15 | 1121 | 358,16<br>2517,24<br>3072,42<br>913,88<br>1407,85 | 1129 | 451,10<br>803,54<br>1606,33<br>848,25<br>641,72 |
| **R.** | 4674,15 | **R.** | 6474,25 | **R.** | 8269,55 | **R.** | 4350,94 |
| 1106 | 172,75<br>284,85<br>721,76<br>4817,59<br>378,21 | 1114 | 742,25<br>817,17<br>471,23<br>908,95<br>3625,00 | 1122 | 544,45<br>1632,43<br>928,57<br>409,11<br>824,04 | 1130 | 887,76<br>743,25<br>917,48<br>4077,65<br>919,12 |
| **R.** | 6375,16 | **R.** | 6564,60 | **R.** | 4338,60 | **R.** | 7545,26 |
| 1107 | 388,17<br>943,53<br>4917,35<br>796,25<br>109,40 | 1115 | 8751,12<br>3742,54<br>9251,24<br>397,70<br>810,50 | 1123 | 2651,45<br>944,75<br>848,45<br>1276,30<br>495,25 | 1131 | 1406,05<br>2075,20<br>3906,40<br>5403,75<br>875,10 |
| **R.** | 7154,70 | **R.** | 22953,10 | **R.** | 6213,20 | **R.** | 13666,50 |

| | | | | | | | |
|---|---|---|---|---|---|---|---|
| **1132** | 843,75 | **1139** | 224,45 | **1146** | 1221,25 | **1153** | 945,25 |
| | 4625,85 | | 6329,50 | | 3692,77 | | 1025,35 |
| | 3028,25 | | 3275,25 | | 728,34 | | 76,95 |
| | 297,95 | | 2689,70 | | 9421,52 | | 109,25 |
| | 6225,35 | | 4255,20 | | 438,56 | | 97,00 |
| | 2095,40 | | 975,85 | | 275,40 | | 229,45 |
| **R.** | 17116,55 | **R.** | 17749,95 | **R.** | 15477,84 | **R.** | 2483,25 |
| **1133** | 543,25 | **1140** | 3625,20 | **1147** | 748,25 | **1154** | 510,10 |
| | 632,72 | | 943,65 | | 857,90 | | 871,95 |
| | 917,05 | | 1882,35 | | 1632,54 | | 4075,27 |
| | 1613,59 | | 747,15 | | 947,41 | | 368,05 |
| | 815,24 | | 975,25 | | 308,80 | | 140,73 |
| | 152,75 | | 2043,05 | | 2543,85 | | 548,25 |
| **R.** | 4674,60 | **R.** | 10216,65 | **R.** | 7038,75 | **R.** | 6514,35 |
| **1134** | 1511,30 | **1141** | 992,97 | **1148** | 1884,31 | **1155** | 2255,40 |
| | 2417,43 | | 1423,23 | | 732,43 | | 3031,35 |
| | 7512,52 | | 847,38 | | 1833,14 | | 1684,20 |
| | 643,05 | | 90,90 | | 844,52 | | 991,95 |
| | 785,75 | | 767,45 | | 719,55 | | 718,15 |
| | 195,30 | | 39,25 | | 306,44 | | 345,20 |
| **R.** | 13095,35 | **R.** | 4161,18 | **R.** | 6320,39 | **R.** | 9026,25 |
| **1135** | 451,42 | **1142** | 1801,16 | **1149** | 629,45 | **1156** | 1745,40 |
| | 375,74 | | 948,54 | | 1608,54 | | 2308,65 |
| | 1859,43 | | 1775,25 | | 344,52 | | 4617,21 |
| | 711,52 | | 912,39 | | 946,35 | | 887,45 |
| | 345,55 | | 75,11 | | 2807,25 | | 543,74 |
| | 137,49 | | 2308,54 | | 744,20 | | 635,45 |
| **R.** | 3881,15 | **R.** | 7820,99 | **R.** | 7077,31 | **R.** | 10737,90 |
| **1136** | 678,55 | **1143** | 525,50 | **1150** | 2608,25 | **1157** | 9600,05 |
| | 787,40 | | 636,65 | | 3494,75 | | 7895,20 |
| | 514,28 | | 747,55 | | 1025,42 | | 3206,65 |
| | 3472,52 | | 878,20 | | 767,35 | | 472,85 |
| | 724,35 | | 4535,75 | | 937,25 | | 839,50 |
| | 375,40 | | 761,15 | | 5623,33 | | 1275,75 |
| **R.** | 6552,50 | **R.** | 8084,80 | **R.** | 14456,35 | **R.** | 23290,00 |
| **1137** | 741,00 | **1144** | 148,95 | **1151** | 8635,05 | **1158** | 224,48 |
| | 877,15 | | 260,75 | | 4335,40 | | 375,52 |
| | 1608,35 | | 948,25 | | 9625,15 | | 1639,30 |
| | 2094,55 | | 1307,80 | | 877,75 | | 1843,25 |
| | 542,30 | | 787,90 | | 1305,70 | | 390,90 |
| | 875,40 | | 630,25 | | 778,75 | | 748,65 |
| **R.** | 6738,75 | **R.** | 4083,90 | **R.** | 25557,80 | **R.** | 5222,10 |
| **1138** | 444,15 | **1145** | 891,70 | **1152** | 7482,15 | **1159** | 1040,20 |
| | 565,35 | | 1692,42 | | 375,75 | | 3085,35 |
| | 6428,40 | | 3777,25 | | 4108,35 | | 916,48 |
| | 3922,25 | | 848,48 | | 9140,00 | | 744,42 |
| | 712,42 | | 165,75 | | 781,32 | | 135,35 |
| | 975,33 | | 204,05 | | 607,05 | | 693,30 |
| **R.** | 13047,90 | **R.** | 7579,65 | **R.** | 22494,62 | **R.** | 6615,10 |

## § II. Soustractions.

| | | | | | | | | |
|---|---|---|---|---|---|---|---|---|
| **1160.** | 945 — 623 | **Rép.** | 322 | **1197.** | 844 — 759 | **Rép.** | 85 |
| **1161.** | 826 — 713 | « | 113 | **1198.** | 668 — 497 | « | 171 |
| **1162.** | 659 — 642 | « | 17 | **1199.** | 604 — 459 | « | 145 |
| **1163.** | 798 — 371 | « | 427 | **1200.** | 708 — 642 | « | 66 |
| **1164.** | 548 — 447 | « | 101 | **1201.** | 940 — 875 | « | 65 |
| **1165.** | 906 — 202 | « | 704 | **1202.** | 690 — 325 | « | 365 |
| **1166.** | 359 — 243 | « | 116 | **1203.** | 843 — 750 | « | 93 |
| **1167.** | 775 — 341 | « | 434 | **1204.** | 618 — 594 | « | 24 |
| **1168.** | 875 — 720 | « | 155 | **1205.** | 916 — 748 | « | 168 |
| **1169.** | 697 — 621 | « | 76 | **1206.** | 780 — 484 | « | 296 |
| **1170.** | 495 — 172 | « | 323 | **1207.** | 686   398 | « | 288 |
| **1171.** | 887 — 371 | « | 516 | **1208.** | 740 — 569 | « | 171 |
| **1172.** | 928 — 212 | « | 716 | **1209.** | 844 — 769 | « | 72 |
| **1173.** | 875 — 271 | « | 604 | **1210.** | 328 — 297 | « | 31 |
| **1174.** | 789 — 325 | « | 464 | **1211.** | 543 — 259 | « | 284 |
| **1175** | 867 — 152 | « | 715 | **1212.** | 817 — 658 | « | 159 |
| **1176.** | 987 — 273 | « | 714 | **1213.** | 334 — 198 | « | 136 |
| **1177.** | 859 — 684 | « | 175 | **1214.** | 925 — 639 | « | 286 |
| **1178.** | 752 — 385 | « | 367 | **1215.** | 875 — 748 | « | 127 |
| **1179.** | 948 — 873 | « | 75 | **1216.** | 303 — 298 | « | 5 |
| **1180.** | 723 — 353 | « | 370 | **1217.** | 405 — 294 | « | 111 |
| **1181.** | 675 — 658 | « | 17 | **1218.** | 216 — 198 | « | 18 |
| **1182.** | 782 — 678 | « | 104 | **1219.** | 377 — 298 | « | 79 |
| **1183.** | 825 — 748 | « | 77 | **1220.** | 625 — 394 | « | 231 |
| **1184.** | 763 — 459 | « | 304 | **1221.** | 846 — 792 | « | 54 |
| **1185.** | 804 — 672 | « | 132 | **1222.** | 840 — 392 | « | 448 |
| **1186.** | 788 — 389 | « | 399 | **1223.** | 506 — 492 | « | 14 |
| **1187.** | 643 — 592 | « | 51 | **1224.** | 348 — 297 | « | 51 |
| **1188.** | 549 — 164 | « | 385 | **1225.** | 643 — 293 | « | 350 |
| **1189.** | 358 — 196 | « | 162 | **1226.** | 209 — 196 | « | 13 |
| **1190.** | 275 — 198 | « | 77 | **1227.** | 714 — 698 | « | 16 |
| **1191.** | 348 — 197 | « | 151 | **1228.** | 647 — 396 | « | 251 |
| **1192.** | 625 — 548 | « | 77 | **1229.** | 345 — 296 | « | 49 |
| **1193.** | 717 — 629 | « | 88 | **1230.** | 619 — 275 | « | 344 |
| **1194** | 482 — 359 | « | 123 | **1231.** | 525 — 178 | « | 347 |
| **1195** | 572 — 498 | « | 74 | **1232.** | 419 — 198 | « | 221 |
| **1196.** | 425 — 392 | « | 33 | **1233.** | 401 — 208 | « | 193 |

SOLUTIONS DES EXERCICES

| | | | | | | | |
|---|---|---|---|---|---|---|---|
| **1234.** | 554 — 289 | **Rép.** | 265 | **1248.** | 548 — 389 | **Rép.** | 159 |
| **1235.** | 904 — 697 | « | 207 | **1249.** | 421 — 398 | « | 23 |
| **1236.** | 425 — 279 | « | 146 | **1250.** | 377 — 298 | « | 79 |
| **1237.** | 617 — 498 | « | 119 | **1251.** | 628 — 391 | « | 237 |
| **1238.** | 448 — 377 | « | 71 | **1252.** | 948 — 394 | « | 554 |
| **1239.** | 841 — 759 | « | 82 | **1253.** | 548 — 372 | « | 176 |
| **1240.** | 664 — 529 | « | 135 | **1254.** | 741 — 376 | « | 365 |
| **1241.** | 804 — 706 | « | 98 | **1255.** | 327 — 278 | « | 49 |
| **1242.** | 772 — 695 | « | 77 | **1256.** | 547 — 378 | « | 169 |
| **1243.** | 900 — 548 | « | 352 | **1257.** | 624 — 279 | « | 345 |
| **1244.** | 622 — 594 | « | 28 | **1258.** | 708 — 592 | « | 116 |
| **1245.** | 811 — 748 | « | 63 | **1259.** | 559 — 497 | « | 62 |
| **1246.** | 360 — 192 | « | 168 | **1260.** | 808 — 409 | « | 399 |
| **1247.** | 748 — 391 | « | 357 | **1261.** | 475 — 288 | « | 187 |

| | | | | | | | |
|---|---|---|---|---|---|---|---|
| **1262.** | 1 843 — 952 | **Rép.** | 891 | **1287.** | 4 008 — 3 117 | **Rép.** | 891 |
| **1263.** | 3 254 — 1 839 | « | 1 415 | **1288.** | 5 641 — 3 859 | « | 1 782 |
| **1264.** | 2 025 — 1 632 | « | 393 | **1289.** | 6 427 — 3 951 | « | 2 476 |
| **1265.** | 3 408 — 2 954 | « | 454 | **1290.** | 7 040 — 3 651 | « | 3 389 |
| **1266.** | 4 635 — 2 872 | « | 1 763 | **1291.** | 2 119 — 1 882 | « | 237 |
| **1267.** | 7 405 — 3 964 | « | 3 441 | **1292.** | 6 948 — 3 957 | « | 2 991 |
| **1268.** | 3 008 — 1 984 | « | 1 024 | **1293.** | 2 241 — 1 607 | « | 634 |
| **1269.** | 4 517 — 3 648 | « | 869 | **1294.** | 3 961 — 3 879 | « | 82 |
| **1270.** | 2 975 — 1 849 | « | 1 126 | **1295.** | 7 671 — 7 259 | « | 412 |
| **1271.** | 1 635 — 1 287 | « | 348 | **1296.** | 8 060 — 7 607 | « | 453 |
| **1272.** | 4 849 — 994 | « | 3 855 | **1297.** | 9 064 — 8 096 | « | 968 |
| **1273.** | 3 067 — 1 548 | « | 1 519 | **1298.** | 2 804 — 942 | « | 1 862 |
| **1274.** | 6 540 — 2 918 | « | 3 622 | **1299.** | 1 829 — 996 | « | 833 |
| **1275.** | 6 348 — 2 975 | « | 3 373 | **1300.** | 4 251 — 3 748 | « | 503 |
| **1276.** | 3 417 — 1 952 | « | 1 465 | **1301.** | 1 768 — 895 | « | 873 |
| **1277.** | 6 425 — 4 908 | « | 1 517 | **1302.** | 2 603 — 1 941 | « | 662 |
| **1278.** | 3 341 — 1 927 | « | 1 414 | **1303.** | 3 148 — 2 925 | « | 223 |
| **1279.** | 8 617 — 4 951 | « | 3 666 | **1304.** | 5 613 — 4 916 | « | 697 |
| **1280.** | 3 427 — 2 631 | « | 796 | **1305.** | 6 025 — 5 128 | « | 897 |
| **1281.** | 6 243 — 4 528 | « | 1 715 | **1306.** | 7 125 — 3 805 | « | 3 320 |
| **1282.** | 7 408 — 3 954 | « | 3 454 | **1307.** | 8 216 — 7 625 | « | 591 |
| **1283.** | 6 041 — 3 918 | « | 2 123 | **1308.** | 4 215 — 2 259 | « | 1 956 |
| **1284.** | 8 027 — 3 068 | « | 4 959 | **1309.** | 9 025 — 8 632 | « | 393 |
| **1285.** | 1 775 — 986 | « | 789 | **1310.** | 1 712 — 928 | « | 784 |
| **1286.** | 2 045 — 1 928 | « | 117 | **1311.** | 2 863 — 1 948 | « | 915 |

| | | | | | |
|---|---|---|---|---|---|
| **1312.** 3 342 — 1 908 | « | 1 434 | **1332.** 6 209 — 3 807 | « | 2 402 |
| **1313.** 5 340 — 4 825 | « | 515 | **1333.** 4 321 — 3 358 | « | 963 |
| **1314.** 6 407 — 4 253 | « | 2 154 | **1334.** 2 483 — 1 793 | « | 690 |
| **1315.** 5 048 — 2 496 | « | 2 552 | **1335.** 2 839 — 1 796 | « | 1 043 |
| **1316.** 4 620 — 2 575 | « | 2 045 | **1336.** 4 429 — 4 375 | « | 54 |
| **1317.** 1 247 — 871 | « | 376 | **1337.** 1 907 — 1 768 | « | 139 |
| **1318.** 4 327 — 2 854 | « | 1 473 | **1338.** 2 806 — 1 495 | « | 1 311 |
| **1319.** 1 883 — 997 | « | 886 | **1339.** 3 475 — 2 918 | « | 557 |
| **1320** 2 704 — 1 875 | « | 829 | **1340.** 5 845 — 4 359 | « | 1 486 |
| **1321.** 3 256 — 2 976 | « | 280 | **1341.** 6 059 — 5 319 | « | 740 |
| **1322.** 5 715 — 4 791 | « | 924 | **1342.** 7 357 — 3 981 | « | 3 376 |
| **1323.** 6 074 — 5 217 | « | 857 | **1343.** 8 451 — 7 771 | « | 680 |
| **1324.** 7 243 — 3 907 | « | 3 336 | **1344.** 4 172 — 2 817 | « | 1 355 |
| **1325.** 8 341 — 7 349 | « | 992 | **1345.** 9 075 — 8 815 | « | 260 |
| **1326.** 4 125 — 2 228 | « | 1 897 | **1346.** 1 731 — 697 | « | 1 034 |
| **1327.** 9 054 — 8 772 | « | 282 | **1347.** 2 703 — 1 904 | « | 799 |
| **1328.** 1 721 — 795 | « | 926 | **1348.** 3 396 — 1 879 | « | 1 517 |
| **1329.** 2 741 — 1 957 | « | 784 | **1349.** 5 560 — 4 475 | « | 1 085 |
| **1330.** 3 375 — 1 885 | « | 1 490 | **1350.** 6 301 — 2 619 | « | 3 682 |
| **1331.** 5 250 — 4 351 | « | 899 | **1351.** 2 190 — 2 095 | « | 95 |

| | | | |
|---|---|---|---|
| **1352.** | 24 208 — 9 625 | Rép. | 14 583 |
| **1353.** | 16 308 — 9 145 | « | 7 163 |
| **1354.** | 10 925 — 8 497 | « | 2 428 |
| **1355.** | 24 425 — 19 651 | « | 4 774 |
| **1356.** | 54 208 — 18 791 | « | 35 417 |
| **1357.** | 64 301 — 59 108 | « | 5 193 |
| **1358.** | 20 697 — 9 819 | « | 10 878 |
| **1359.** | 31 401 — 29 208 | « | 2 193 |
| **1360.** | 32 807 — 27 495 | « | 5 312 |
| **1361.** | 37 649 — 32 651 | « | 4 998 |
| **1362.** | 43 540 — 28 459 | « | 15 081 |
| **1363.** | 45 430 — 35 975 | « | 9 455 |
| **1364.** | 47 250 — 18 765 | « | 28 485 |
| **1365.** | 56 780 — 54 391 | « | 2 389 |
| **1366.** | 67 840 — 16 981 | « | 50 859 |
| **1367.** | 27 741 — 25 987 | « | 1 754 |
| **1368.** | 76 543 — 60 837 | « | 15 706 |
| **1369.** | 13 648 — 12 950 | « | 698 |
| **1370.** | 32 743 — 9 819 | « | 22 924 |

| | | | |
|---|---|---|---|
| **1371.** | 22 813 — 19 485 | **Rép.** | 3 328 |
| **1372.** | 32 647 — 29 158 | « | 3 489 |
| **1373.** | 60 418 — 9 451 | « | 50 967 |
| **1374.** | 78 305 — 19 704 | « | 58 601 |
| **1375.** | 80 253 — 76 281 | « | 3 972 |
| **1376.** | 94 008 — 25 835 | « | 68 173 |
| **1377.** | 52 635 — 29 354 | « | 23 281 |
| **1378.** | 30 525 — 20 872 | « | 9 653 |
| **1379.** | 43 256 — 39 628 | « | 3 628 |
| **1380.** | 50 341 — 29 359 | « | 20 982 |
| **1381.** | 64 765 — 59 275 | « | 5 490 |
| **1382.** | 92 025 — 83 058 | « | 8 967 |
| **1383.** | 84 078 — 77 081 | « | 6 997 |
| **1384.** | 19 284 — 9 928 | « | 9 356 |
| **1385.** | 71 234 — 57 425 | « | 13 809 |
| **1386.** | 40 350 — 27 821 | « | 12 529 |
| **1387.** | 34 341 — 25 758 | « | 8 583 |
| **1388.** | 54 307 — 28 742 | « | 25 565 |
| **1389.** | 50 248 — 3 925 | « | 46 323 |
| **1390.** | 43 219 — 37 175 | « | 6 044 |
| **1391.** | 60 975 — 9 855 | « | 51 120 |
| **1392.** | 77 604 — 18 768 | « | 58 836 |
| **1393.** | 81 454 — 78 928 | « | 2 526 |
| **1394.** | 95 060 — 26 475 | « | 68 585 |
| **1395.** | 64 308 — 29 794 | « | 34 514 |
| **1396.** | 31 073 — 21 630 | « | 9 443 |
| **1397.** | 44 027 — 27 305 | « | 16 722 |
| **1398.** | 56 021 — 34 074 | « | 21 947 |
| **1399.** | 68 075 — 46 787 | « | 21 288 |
| **1400.** | 91 774 — 87 679 | « | 4 095 |
| **1401.** | 79 060 — 63 095 | « | 15 965 |
| **1402.** | 10 632 — 9 654 | « | 978 |
| **1403.** | 74 321 — 68 294 | « | 6 027 |
| **1404.** | 48 250 — 37 894 | « | 10 356 |
| **1405.** | 39 607 — 25 809 | « | 13 798 |
| **1406** | 31 375 — 9 225 | « | 22 150 |
| **1407.** | 42 041 — 9 928 | « | 32 113 |
| **1408.** | 56 047 — 39 094 | « | 16 953 |
| **1409.** | 68 041 — 19 618 | « | 48 423 |
| **1410.** | 79 208 — 39 918 | « | 39 290 |

| | | | |
|---|---|---|---|
| 1411. | 82 375 — 60 789 | Rép. | 21 586 |
| 1412. | 92 075 — 29 941 | « | 62 134 |
| 1413. | 26 315 — 24 978 | « | 1 337 |
| 1414. | 36 908 — 17 899 | « | 19 009 |
| 1415. | 40 830 — 39 992 | « | 838 |
| 1416. | 52 341 — 45 274 | « | 7 067 |
| 1417. | 61 225 — 39 772 | « | 21 453 |
| 1418. | 90 270 — 77 269 | « | 13 001 |
| 1419. | 68 603 — 54 778 | « | 13 825 |
| 1420. | 24 043 — 12 748 | « | 11 295 |
| 1421. | 67 680 — 50 708 | « | 16 972 |
| 1422. | 46 300 — 25 820 | « | 20 480 |
| 1423. | 45 495 — 35 999 | « | 9 496 |
| | | | |
| 1424. | 415,25 — 322,56 | Rép. | 92,69 |
| 1425. | 182,15 — 176,35 | « | 5,80 |
| 1426. | 248,95 — 196,28 | « | 52,67 |
| 1427. | 319,25 — 197,45 | « | 121,80 |
| 1428. | 816,72 — 743,55 | « | 73,17 |
| 1429. | 715,35 — 328,75 | « | 386,60 |
| 1430. | 816,42 — 534,84 | « | 281,58 |
| 1431. | 604,50 — 208,45 | « | 396,05 |
| 1432. | 525,72 — 375,87 | « | 149,85 |
| 1433. | 495,57 — 406,72 | « | 88,85 |
| 1434. | 328,40 — 317,64 | « | 10,76 |
| 1435. | 414,35 — 295,40 | « | 118,95 |
| 1436. | 518,60 — 297,55 | « | 221,05 |
| 1437. | 617,18 — 308,74 | « | 308,44 |
| 1438. | 725,35 — 572,85 | « | 152,50 |
| 1439. | 809,05 — 728,54 | « | 80,51 |
| 1440. | 148,25 — 76,85 | « | 71,40 |
| 1441. | 175,40 — 98,55 | « | 76,85 |
| 1442. | 248,75 — 196,58 | « | 52,17 |
| 1443. | 456,28 — 397,44 | « | 58,84 |
| 1444. | 149,56 — 94,84 | « | 54,72 |
| 1445. | 741,05 — 359,65 | « | 381,40 |
| 1446. | 234,56 — 149,26 | « | 85,30 |
| 1447. | 357,12 — 185,45 | « | 171,67 |
| 1448. | 725,15 — 372,50 | « | 352,65 |
| 1449. | 129,75 — 96,25 | « | 33,50 |

| | | | |
|---|---|---|---|
| **1450.** | 430,04 — 275,22 | **Rép.** | 154,82 |
| **1451.** | 824,40 — 728,17 | « | 96,23 |
| **1452.** | 172,15 — 129,50 | « | 42,65 |
| **1453.** | 234,18 — 219,75 | « | 14,43 |
| **1454.** | 348,27 — 267,52 | « | 80,75 |
| **1455.** | 540,04 — 364,06 | « | 175,98 |
| **1456.** | 551,26 — 548,74 | « | 2,52 |
| **1457.** | 716,17 — 627,51 | « | 88,66 |
| **1458.** | 844,45 — 755,60 | « | 88,85 |
| **1459.** | 613,70 — 528,45 | « | 85,25 |
| **1460.** | 398,20 — 147,45 | « | 250,75 |
| **1461.** | 868,75 — 397,82 | « | 470,93 |
| **1462.** | 235,71 — 195,54 | « | 40,17 |
| **1463.** | 648,20 — 596,32 | « | 51,88 |
| **1464.** | 318,18 — 275,45 | « | 42,73 |
| **1465.** | 425,30 — 192,55 | « | 232,75 |
| **1466.** | 643,05 — 187,72 | « | 455,33 |
| **1467.** | 248,37 — 184,39 | « | 63,98 |
| **1468.** | 506,15 — 428,70 | « | 77,45 |
| **1469.** | 771,70 — 168,85 | « | 602,85 |
| **1470.** | 654,32 — 587,25 | « | 67,07 |
| **1471.** | 372,75 — 285,20 | « | 87,55 |
| **1472.** | 429,10 — 248,55 | « | 180,55 |
| **1473.** | 596,95 — 498,29 | « | 98,66 |
| **1474.** | 612,62 — 573,45 | « | 39,17 |
| **1475.** | 471,20 — 382,35 | « | 88,85 |
| **1476.** | 568,30 — 487,50 | « | 80,80 |
| **1477.** | 222,50 — 184,45 | « | 38,05 |
| **1478.** | 216,40 — 192,55 | « | 23,85 |
| **1479.** | 774,48 — 389,54 | « | 384,94 |
| **1480.** | 349,27 — 297,52 | « | 51,75 |
| **1481.** | 925,15 — 798,40 | « | 126,75 |
| **1482.** | 406,30 — 295,45 | « | 110,85 |
| **1483.** | 516,32 — 453,52 | « | 62,80 |
| **1484.** | 414,40 — 192,50 | « | 221,90 |
| **1485.** | 338,70 — 164,85 | « | 173,85 |
| **1486.** | 621,20 — 536,45 | « | 84,75 |
| **1487.** | 517,25 — 429,75 | « | 87,50 |
| **1488.** | 722,25 — 644,55 | « | 77,70 |
| **1489.** | 432,00 — 259,16 | « | 172,84 |

| | | | |
|---|---|---|---|
| **1490.** | 567,32 — 459,25 | **Rép.** | 108,07 |
| **1491** | 677,45 — 589,50 | « | 87,95 |
| **1492.** | 355,60 — 284,95 | « | 70,65 |
| **1493.** | 444,45 — 398,75 | « | 45,70 |
| **1494.** | 258,16 — 187,50 | « | 70,66 |
| **1495.** | 825,72 — 755,82 | « | 69,90 |
| **1496.** | 1480,25 — 942,50 | **Rép.** | 537,75 |
| **1497.** | 2643,25 — 986,40 | « | 1656,85 |
| **1498.** | 3748,00 — 519,45 | « | 3228,55 |
| **1499.** | 8445,25 — 3778,15 | « | 4667,10 |
| **1500.** | 6704,20 — 2886,75 | « | 3817,45 |
| **1501.** | 7043,70 — 2855,15 | « | 4188,55 |
| **1502.** | 6042,25 — 3957,12 | « | 2085,13 |
| **1503.** | 2054,45 — 1856,35 | « | 198,10 |
| **1504.** | 3306,21 — 2859,40 | « | 446,81 |
| **1505.** | 4022,60 — 3654,35 | « | 368,25 |
| **1506.** | 5560,45 — 2754,55 | « | 2805,90 |
| **1507.** | 6400,15 — 3925,50 | « | 2474,65 |
| **1508.** | 7042,20 — 3254,17 | « | 3788,03 |
| **1509.** | 8406,42 — 7359,25 | « | 1047,17 |
| **1510.** | 9940,15 — 8659,25 | « | 1280,90 |
| **1511.** | 8425,70 — 7632,59 | « | 793,11 |
| **1512.** | 7620,40 — 3954,35 | « | 3666,05 |
| **1513.** | 6223,05 — 3257,15 | « | 2965,90 |
| **1514.** | 2354,35 — 1849,50 | « | 504,85 |
| **1515.** | 3456,48 — 2784,60 | « | 671,88 |
| **1516.** | 4245,75 — 3872,80 | « | 372,95 |
| **1517.** | 5600,20 — 4807,40 | « | 792,80 |
| **1518.** | 3019,45 — 2642,55 | « | 376,90 |
| **1519.** | 4141,61 — 2856,35 | « | 1285,26 |
| **1520.** | 5025,41 — 3851,48 | « | 1173,93 |
| **1521.** | 6112,42 — 3243,51 | « | 2868,91 |
| **1522.** | 2024,72 — 1652,25 | « | 372,47 |
| **1523.** | 3343,06 — 2559,48 | « | 783,58 |
| **1524.** | 5030,25 — 3650,72 | « | 1379,53 |
| **1525.** | 4308,80 — 2745,75 | « | 1563,05 |
| **1526.** | 6030,40 — 2830,75 | « | 3199,65 |
| **1527.** | 4876,27 — 2959,42 | « | 1916,85 |
| **1528.** | 5127,31 — 2341,52 | « | 2785,79 |

| | | | |
|---|---|---|---|
| **1529.** | 6720,72 — 3943,26 | **Rép.** | 2777,46 |
| **1530.** | 4017,16 — 2026,54 | « | 1990,62 |
| **1531.** | 3047,48 — 2653,25 | « | 394,23 |
| **1532.** | 4632,15 — 2657,45 | « | 1974,70 |
| **1533.** | 6038,55 — 4354,25 | « | 1684,30 |
| **1534.** | 7043,20 — 6256,50 | « | 786,70 |
| **1535.** | 6407,25 — 3952,45 | « | 2454,80 |
| **1536.** | 1063,40 — 984,55 | « | 78,85 |
| **1537.** | 2356,29 — 1837,45 | « | 518,84 |
| **1538.** | 3210,08 — 2654,09 | « | 555,99 |
| **1539.** | 4567,60 — 2528,45 | « | 2039,15 |
| **1540.** | 3141,51 — 2654,25 | « | 487,26 |
| **1541.** | 2840,17 — 1575,85 | « | 1264,32 |
| **1542.** | 3600,25 — 2804,75 | « | 795,50 |
| **1543.** | 4225,06 — 2639,25 | « | 1585,81 |
| **1544.** | 5455,00 — 3548,15 | « | 1906,85 |
| **1545.** | 3884,08 — 2785,24 | « | 1098,84 |
| **1546.** | 4210,19 — 2735,15 | « | 1475,04 |
| **1547.** | 5227,47 — 3259,12 | « | 1968,35 |
| **1548.** | 6620,20 — 3742,50 | « | 2877,70 |
| **1549.** | 7421,21 — 3652,01 | « | 3769,20 |
| **1550.** | 8064,95 — 7429,58 | « | 635,37 |
| **1551.** | 5050,45 — 3084,20 | « | 1966,25 |
| **1552.** | 4506,32 — 3954,72 | « | 551,60 |
| **1553.** | 3409,10 — 3258,60 | « | 150,50 |
| **1554.** | 2600,45 — 1945,20 | « | 655,25 |
| **1555.** | 1420,72 — 1275,45 | « | 145,27 |
| **1556.** | 2021,65 — 1634,25 | « | 387,40 |
| **1557.** | 3767,90 — 2982,45 | « | 785,45 |
| **1558.** | 4778,00 — 2829,60 | « | 1948,40 |
| **1559.** | 3909,28 — 2709,75 | « | 1199,53 |
| **1560.** | 4347,36 — 2739,18 | « | 1608,18 |
| **1561.** | 7042,70 — 5639,27 | « | 1403,43 |
| **1562.** | 6741,25 — 2739,72 | « | 4001,53 |
| **1563.** | 3636,36 — 2928,29 | « | 708,07 |
| **1564.** | 4158,32 — 3764,16 | « | 394,16 |
| **1565.** | 3101,29 — 2748,54 | « | 352,75 |
| **1566.** | 4141,60 — 2653,25 | « | 1488,35 |
| **1567.** | 2806,40 — 2759,54 | « | 46,86 |

## § III. Multiplications.

| | | | | | | | |
|---|---|---|---|---|---|---|---|
| **1568.** | 321 × 4 | Rép. | 1 284 | **1605.** | 845 × 29 | « | 24 505 |
| **1569.** | 253 × 3 | « | 759 | **1606.** | 307 × 92 | « | 28 244 |
| **1570.** | 642 × 2 | « | 1 284 | **1607.** | 775 × 34 | « | 26 350 |
| **1571.** | 356 × 5 | « | 1 780 | **1608.** | 572 × 43 | « | 24 596 |
| **1572.** | 748 × 6 | « | 4 488 | **1609.** | 806 × 45 | « | 36 270 |
| **1573.** | 234 × 7 | « | 1 638 | **1610.** | 918 × 54 | « | 49 572 |
| **1574.** | 416 × 8 | « | 3 328 | **1611.** | 348 × 46 | « | 16 008 |
| **1575.** | 325 × 9 | « | 2 925 | **1612.** | 795 × 64 | « | 50 880 |
| **1576.** | 212 × 21 | « | 4 452 | **1613.** | 829 × 47 | « | 38 963 |
| **1577.** | 313 × 12 | « | 3 756 | **1614.** | 195 × 74 | « | 14 430 |
| **1578.** | 425 × 13 | « | 5 525 | **1615.** | 247 × 48 | « | 11 856 |
| **1579.** | 526 × 31 | « | 16 306 | **1616.** | 392 × 84 | « | 32 928 |
| **1580.** | 408 × 14 | « | 5 712 | **1617.** | 768 × 49 | « | 37 632 |
| **1581.** | 719 × 41 | « | 29 479 | **1618.** | 250 × 94 | « | 23 500 |
| **1582.** | 318 × 15 | « | 4 770 | **1619.** | 665 × 56 | « | 37 240 |
| **1583.** | 516 × 51 | « | 26 316 | **1620.** | 392 × 65 | « | 25 480 |
| **1584.** | 325 × 16 | « | 5 200 | **1621.** | 889 × 57 | « | 50 673 |
| **1585.** | 742 × 61 | « | 45 262 | **1622.** | 758 × 75 | « | 56 850 |
| **1586.** | 525 × 17 | « | 8 925 | **1623.** | 190 × 58 | « | 11 020 |
| **1587.** | 640 × 71 | « | 45 440 | **1624.** | 847 × 85 | « | 71 995 |
| **1588.** | 815 × 18 | « | 14 670 | **1625.** | 694 × 59 | « | 40 946 |
| **1589.** | 635 × 81 | « | 51 435 | **1626.** | 178 × 95 | « | 16 910 |
| **1590.** | 912 × 19 | « | 17 328 | **1627.** | 478 × 67 | « | 32 026 |
| **1591.** | 647 × 91 | « | 58 877 | **1628.** | 849 × 76 | « | 64 524 |
| **1592.** | 348 × 20 | « | 6 960 | **1629.** | 598 × 68 | « | 40 664 |
| **1593.** | 516 × 23 | « | 11 868 | **1630.** | 827 × 86 | « | 71 122 |
| **1594.** | 753 × 32 | « | 24 096 | **1631.** | 328 × 69 | « | 22 632 |
| **1595.** | 657 × 24 | « | 15 768 | **1632.** | 747 × 96 | « | 71 712 |
| **1596.** | 815 × 42 | « | 34 230 | **1633.** | 824 × 78 | « | 64 272 |
| **1597.** | 716 × 25 | « | 17 900 | **1634.** | 198 × 87 | « | 17 226 |
| **1598.** | 441 × 52 | « | 22 932 | **1635.** | 319 × 79 | « | 25 201 |
| **1599.** | 637 × 26 | « | 16 562 | **1636.** | 558 × 97 | « | 54 126 |
| **1600.** | 749 × 62 | « | 46 438 | **1637.** | 841 × 89 | « | 74 849 |
| **1601.** | 841 × 27 | « | 22 707 | **1638.** | 796 × 98 | « | 78 008 |
| **1602.** | 319 × 72 | « | 22 968 | **1639.** | 149 × 320 | « | 47 680 |
| **1603.** | 519 × 28 | « | 14 532 | **1640.** | 640 × 230 | « | 147 200 |
| **1604.** | 608 × 82 | « | 49 856 | **1641.** | 872 × 540 | « | 470 880 |

| | | | |
|---|---|---|---|
| **1642.** 762 × 450 | **Rép.** 342900 | **1656.** 592 × 430 | **Rép.** 254560 |
| **1643.** 919 × 640 | « 588160 | **1657.** 339 × 720 | « 244080 |
| **1644.** 872 × 460 | « 401120 | **1658.** 908 × 270 | « 245160 |
| **1645.** 525 × 370 | « 194250 | **1659.** 677 × 490 | « 331730 |
| **1646.** 643 × 730 | « 469390 | **1660.** 339 × 940 | « 318660 |
| **1647.** 917 × 570 | « 522690 | **1661.** 177 × 530 | « 93810 |
| **1648.** 718 × 750 | « 538500 | **1662.** 887 × 350 | « 310450 |
| **1649** 608 × 480 | « 291840 | **1663.** 927 × 780 | « 723060 |
| **1650.** 825 × 840 | « 693000 | **1664.** 645 × 870 | « 561150 |
| **1651.** 378 × 360 | « 136080 | **1665.** 454 × 290 | « 131660 |
| **1652.** 409 × 630 | « 257670 | **1666.** 571 × 920 | « 525320 |
| **1653.** 871 × 820 | « 714220 | **1667.** 877 × 690 | « 605130 |
| **1654** 619 × 280 | « 173320 | **1668.** 796 × 960 | « 764160 |
| **1655.** 743 × 340 | « 252620 | **1669.** 374 × 980 | « 366520 |

| | | | |
|---|---|---|---|
| **1670.** | 1064 × 832 | . Rép. | 885248 |
| **1671.** | 2574 × 325 | « | 836550 |
| **1672.** | 3741 × 631 | « | 2360571 |
| **1673.** | 5425 × 542 | « | 2940350 |
| **1674.** | 6452 × 453 | « | 2922756 |
| **1675.** | 3877 × 672 | « | 2605344 |
| **1676.** | 8375 × 278 | « | 2328250 |
| **1677.** | 1971 × 576 | « | 1135296 |
| **1678.** | 7643 × 657 | « | 5021451 |
| **1679.** | 4827 × 245 | « | 1182615 |
| **1680.** | 2883 × 451 | « | 1300233 |
| **1681.** | 6067 × 527 | « | 3197309 |
| **1682.** | 7309 × 619 | « | 4524271 |
| **1683.** | 8827 × 725 | « | 6399575 |
| **1684.** | 9413 × 848 | « | 7982224 |
| **1685.** | 8374 × 657 | « | 5501718 |
| **1686.** | 7408 × 519 | « | 3844752 |
| **1687.** | 6208 × 458 | « | 2843264 |
| **1688.** | 1632 × 97 | « | 158304 |
| **1689.** | 6372 × 434 | « | 2765448 |
| **1690.** | 1998 × 743 | « | 1484514 |
| **1691.** | 2543 × 667 | « | 1696181 |
| **1692.** | 3395 × 576 | « | 1955520 |
| **1693.** | 1635 × 148 | « | 241980 |
| **1694.** | 2536 × 618 | « | 1567248 |

| | | | |
|---|---|---|---|
| **1695.** | $2\,327 \times 675$ | **Rép.** | 1 705 725 |
| **1696.** | $4\,325 \times 392$ | « | 1 695 400 |
| **1697.** | $5\,428 \times 547$ | « | 2 969 116 |
| **1698.** | $2\,787 \times 467$ | « | 1 301 529 |
| **1699.** | $6\,153 \times 539$ | « | 3 316 467 |
| **1700.** | $7\,417 \times 623$ | « | 4 620 791 |
| **1701.** | $8\,875 \times 734$ | « | 6 514 250 |
| **1702.** | $9\,341 \times 905$ | « | 8 453 605 |
| **1703.** | $8\,248 \times 664$ | « | 5 476 672 |
| **1704.** | $7\,607 \times 526$ | « | 4 001 282 |
| **1705.** | $6\,325 \times 463$ | « | 2 928 475 |
| **1706.** | $3\,425 \times 143$ | « | 489 775 |
| **1707.** | $2\,953 \times 345$ | « | 1 018 785 |
| **1708.** | $3\,627 \times 347$ | « | 1 258 569 |
| **1709.** | $9\,791 \times 495$ | « | 4 846 545 |
| **1710.** | $4\,497 \times 495$ | « | 2 226 015 |
| **1711.** | $2\,172 \times 257$ | « | 558 204 |
| **1712.** | $3\,445 \times 419$ | « | 1 443 455 |
| **1713.** | $3\,446 \times 874$ | « | 3 011 804 |
| **1714.** | $4\,466 \times 397$ | « | 1 773 002 |
| **1715.** | $5\,372 \times 453$ | « | 2 433 516 |
| **1716.** | $2\,659 \times 475$ | « | 1 263 025 |
| **1717.** | $6\,289 \times 543$ | « | 3 414 927 |
| **1718.** | $7\,550 \times 637$ | « | 4 809 350 |
| **1719.** | $8\,606 \times 751$ | « | 6 463 106 |
| **1720.** | $9\,431 \times 874$ | « | 8 242 694 |
| **1721.** | $8\,192 \times 673$ | « | 5 513 216 |
| **1722.** | $7\,503 \times 537$ | « | 4 029 111 |
| **1723.** | $6\,445 \times 472$ | « | 3 042 040 |
| **1724.** | $2\,072 \times 348$ | « | 721 056 |
| **1725.** | $7\,740 \times 358$ | « | 2 770 920 |
| **1726.** | $4\,506 \times 853$ | « | 3 843 618 |
| **1727.** | $8\,045 \times 392$ | « | 3 153 640 |
| **1728.** | $5\,526 \times 392$ | « | 2 166 192 |
| **1729.** | $3\,097 \times 481$ | « | 1 489 657 |
| **1730.** | $4\,072 \times 347$ | « | 1 412 984 |
| **1731.** | $4\,459 \times 765$ | « | 3 411 135 |
| **1732.** | $4\,557 \times 376$ | « | 1 713 432 |
| **1733.** | $5\,219 \times 497$ | « | 2 593 843 |
| **1734.** | $2\,558 \times 485$ | « | 1 240 630 |

| | | | |
|---|---|---|---|
| **1735.** | $6\,338 \times 568$ | **Rép.** | $3\,599\,984$ |
| **1736.** | $7\,601 \times 642$ | « | $4\,879\,842$ |
| **1737.** | $8\,996 \times 748$ | « | $6\,729\,008$ |
| **1738.** | $9\,972 \times 897$ | « | $8\,944\,884$ |
| **1739.** | $8\,447 \times 687$ | « | $5\,803\,089$ |
| **1740.** | $7\,802 \times 558$ | « | $4\,353\,516$ |
| **1741.** | $6\,558 \times 487$ | « | $3\,193\,746$ |
| **1742.** | $5\,077 \times 403$ | « | $2\,046\,031$ |
| **1743.** | $6\,352 \times 347$ | « | $2\,204\,144$ |
| **1744.** | $5\,831 \times 534$ | « | $3\,113\,754$ |
| **1745.** | $6\,747 \times 340$ | « | $2\,293\,980$ |
| **1746.** | $6\,366 \times 285$ | « | $1\,814\,310$ |
| **1747.** | $4\,176 \times 578$ | « | $2\,413\,728$ |
| **1748.** | $3\,600 \times 948$ | « | $3\,412\,800$ |
| **1749.** | $5\,657 \times 339$ | « | $1\,917\,723$ |
| **1750.** | $4\,667 \times 359$ | « | $1\,675\,453$ |
| **1751.** | $5\,193 \times 429$ | « | $2\,227\,797$ |
| **1752.** | $2\,464 \times 493$ | « | $1\,214\,752$ |
| **1753.** | $6\,408 \times 577$ | « | $3\,697\,416$ |
| **1754.** | $7\,092 \times 659$ | « | $4\,673\,628$ |
| **1755.** | $8\,655 \times 776$ | « | $6\,716\,280$ |
| **1756.** | $9\,637 \times 825$ | « | $7\,950\,525$ |
| **1757.** | $8\,309 \times 696$ | « | $5\,783\,064$ |
| **1758.** | $7\,960 \times 572$ | « | $4\,553\,120$ |
| **1759.** | $6\,783 \times 496$ | « | $3\,364\,368$ |
| **1760.** | $1\,284 \times 352$ | « | $451\,968$ |
| **1761.** | $2\,543 \times 257$ | « | $653\,551$ |
| **1762.** | $4\,608 \times 205$ | « | $944\,640$ |
| **1763.** | $5\,643 \times 520$ | « | $2\,934\,360$ |
| **1764.** | $1\,494 \times 828$ | « | $1\,237\,032$ |
| **1765.** | $7\,228 \times 419$ | « | $3\,028\,532$ |
| **1766.** | $8\,487 \times 517$ | « | $4\,232\,679$ |
| **1767.** | $9\,106 \times 627$ | « | $5\,709\,462$ |
| **1768.** | $1\,997 \times 708$ | « | $1\,413\,876$ |
| **1769.** | $2\,839 \times 884$ | « | $2\,509\,676$ |
| **1770.** | $3\,517 \times 917$ | « | $3\,225\,089$ |
| **1771.** | $4\,429 \times 815$ | « | $3\,609\,635$ |
| **1772.** | $5\,025 \times 747$ | « | $3\,753\,675$ |
| **1773.** | $6\,627 \times 697$ | « | $4\,619\,019$ |
| **1774.** | $7\,025 \times 591$ | « | $4\,151\,775$ |

| | | | |
|---|---|---|---|
| **1775.** | $8\,285 \times 579$ | **Rép.** | $4\,797\,015$ |
| **1776.** | $9\,273 \times 683$ | « | $6\,333\,459$ |
| **1777.** | $8\,487 \times 625$ | « | $5\,304\,375$ |
| **1778.** | $2\,632 \times 743$ | « | $1\,955\,576$ |
| **1779.** | $3\,497 \times 257$ | « | $898\,729$ |
| **1780.** | $1\,075 \times 892$ | « | $958\,900$ |
| **1781.** | $7\,228 \times 536$ | « | $3\,874\,208$ |
| **1782.** | $5\,772 \times 836$ | « | $4\,825\,392$ |
| **1783.** | $6\,027 \times 429$ | « | $2\,585\,583$ |
| **1784.** | $7\,039 \times 558$ | « | $3\,927\,762$ |
| **1785.** | $8\,253 \times 609$ | « | $5\,026\,077$ |
| **1786.** | $9\,209 \times 717$ | « | $6\,602\,853$ |
| **1787.** | $1\,878 \times 877$ | « | $1\,647\,006$ |
| **1788.** | $2\,774 \times 935$ | « | $2\,593\,690$ |
| **1789.** | $3\,715 \times 878$ | « | $3\,261\,770$ |
| **1790.** | $4\,525 \times 759$ | « | $3\,434\,475$ |
| **1791.** | $5\,136 \times 679$ | « | $3\,487\,344$ |
| **1792.** | $6\,475 \times 427$ | « | $2\,764\,825$ |
| **1793.** | $7\,225 \times 456$ | « | $3\,294\,600$ |
| **1794.** | $8\,372 \times 495$ | « | $4\,144\,140$ |
| **1795.** | $9\,925 \times 498$ | « | $4\,942\,650$ |
| **1796.** | $1\,063 \times 506$ | « | $537\,878$ |
| **1797.** | $3\,975 \times 840$ | « | $3\,339\,000$ |
| **1798.** | $5\,194 \times 527$ | « | $2\,737\,238$ |
| **1799.** | $6\,410 \times 567$ | « | $3\,634\,470$ |
| **1800.** | $7\,409 \times 898$ | « | $6\,653\,282$ |
| **1801.** | $5\,803 \times 429$ | « | $2\,491\,632$ |
| **1802.** | $6\,174 \times 569$ | « | $3\,513\,006$ |
| **1803.** | $7\,378 \times 674$ | « | $4\,972\,772$ |
| **1804.** | $8\,345 \times 726$ | « | $6\,058\,470$ |
| **1805.** | $9\,304 \times 869$ | « | $8\,085\,176$ |
| **1806.** | $1\,775 \times 928$ | « | $1\,647\,200$ |
| **1807.** | $2\,939 \times 839$ | « | $2\,465\,821$ |
| **1808.** | $3\,649 \times 706$ | « | $2\,576\,194$ |
| **1809.** | $4\,637 \times 668$ | « | $3\,097\,516$ |
| **1810.** | $5\,247 \times 549$ | « | $2\,880\,603$ |
| **1811.** | $6\,317 \times 926$ | « | $5\,849\,542$ |
| **1812.** | $7\,329 \times 890$ | « | $6\,522\,810$ |
| **1813.** | $8\,567 \times 592$ | « | $5\,071\,664$ |
| **1814.** | $6\,492 \times 743$ | « | $4\,823\,556$ |

| | | | |
|---|---|---|---|
| **1815.** | $5\,277 \times 629$ | **Rép.** | $3\,319\,233$ |
| **1816.** | $4\,528 \times 829$ | « | $3\,753\,712$ |
| **1817.** | $5\,227 \times 588$ | « | $3\,073\,476$ |
| **1818.** | $6\,521 \times 872$ | « | $5\,686\,312$ |
| **1819.** | $7\,330 \times 449$ | « | $3\,291\,170$ |
| **1820.** | $5\,027 \times 547$ | « | $2\,749\,769$ |
| **1821.** | $6\,248 \times 656$ | « | $4\,098\,688$ |
| **1822.** | $7\,446 \times 704$ | « | $5\,241\,984$ |
| **1823.** | $8\,419 \times 866$ | « | $7\,290\,854$ |
| **1824.** | $9\,506 \times 972$ | « | $9\,239\,832$ |
| **1825.** | $1\,676 \times 857$ | « | $1\,436\,332$ |
| **1826.** | $2\,628 \times 717$ | « | $1\,884\,276$ |
| **1827.** | $3\,118 \times 695$ | « | $2\,167\,010$ |
| **1828.** | $4\,817 \times 557$ | « | $2\,683\,069$ |
| **1829.** | $5\,358 \times 937$ | « | $5\,020\,446$ |
| **1830.** | $6\,209 \times 877$ | « | $5\,445\,293$ |
| **1831.** | $7\,456 \times 576$ | « | $4\,294\,656$ |
| **1832.** | $1\,754 \times 353$ | « | $619\,162$ |
| **1833.** | $6\,408 \times 530$ | « | $3\,396\,240$ |
| **1834.** | $3\,475 \times 743$ | « | $2\,581\,925$ |
| **1835.** | $4\,968 \times 594$ | « | $2\,948\,022$ |
| **1836.** | $5\,339 \times 894$ | « | $4\,773\,066$ |
| **1837.** | $6\,784 \times 458$ | « | $3\,107\,072$ |
| **1838.** | $7\,548 \times 534$ | « | $4\,030\,632$ |
| **1839.** | $5\,106 \times 678$ | « | $3\,461\,868$ |
| **1840.** | $6\,307 \times 758$ | « | $4\,780\,706$ |
| **1841.** | $7\,557 \times 855$ | « | $6\,461\,235$ |
| **1842.** | $8\,527 \times 956$ | « | $8\,151\,812$ |
| **1843.** | $9\,708 \times 865$ | « | $8\,397\,420$ |
| **1844.** | $1\,584 \times 778$ | « | $1\,232\,352$ |
| **1845.** | $2\,547 \times 674$ | « | $1\,716\,678$ |
| **1846.** | $3\,094 \times 817$ | « | $2\,527\,798$ |
| **1847.** | $4\,717 \times 982$ | « | $4\,632\,094$ |
| **1848.** | $5\,449 \times 838$ | « | $4\,566\,262$ |
| **1849.** | $6\,675 \times 519$ | « | $3\,464\,325$ |
| **1850.** | $23\,642 \times 528$ | « | $12\,482\,976$ |
| **1851.** | $36\,454 \times 1\,850$ | « | $67\,439\,900$ |
| **1852.** | $56\,431 \times 839$ | « | $47\,345\,609$ |
| **1853.** | $6\,275 \times 1\,560$ | « | $9\,789\,000$ |
| **1854.** | $71\,213 \times 382$ | « | $27\,203\,366$ |

| | | | |
|---|---|---|---|
| **1855.** | $8\,978 \times 416$ | **Rép.** | $3\,734\,848$ |
| **1856.** | $12\,731 \times 538$ | « | $6\,849\,278$ |
| **1857.** | $13\,562 \times 748$ | « | $10\,144\,376$ |
| **1858.** | $15\,947 \times 2\,603$ | « | $41\,510\,041$ |
| **1859.** | $23\,426 \times 854$ | « | $20\,005\,804$ |
| **1860.** | $24\,874 \times 974$ | « | $24\,227\,276$ |
| **1861.** | $25\,070 \times 238$ | « | $5\,966\,660$ |
| **1862.** | $26\,940 \times 1\,540$ | « | $41\,487\,600$ |
| **1863.** | $27\,879 \times 2\,350$ | « | $65\,515\,650$ |
| **1864.** | $30\,345 \times 526$ | « | $15\,961\,470$ |
| **1865.** | $31\,528 \times 743$ | « | $23\,425\,304$ |
| **1866.** | $33\,497 \times 625$ | « | $20\,935\,625$ |
| **1867.** | $39\,620 \times 382$ | « | $15\,134\,840$ |
| **1868.** | $32\,064 \times 845$ | « | $27\,094\,080$ |
| **1869.** | $13\,526 \times 4\,530$ | « | $61\,272\,780$ |
| **1870.** | $2\,547 \times 1\,709$ | « | $4\,352\,823$ |
| **1871.** | $41\,542 \times 238$ | « | $9\,886\,996$ |
| **1872.** | $42\,675 \times 459$ | « | $19\,587\,825$ |
| **1873.** | $43\,048 \times 643$ | « | $27\,679\,864$ |
| **1874.** | $44\,506 \times 775$ | « | $34\,492\,150$ |
| **1875.** | $45\,398 \times 895$ | « | $40\,631\,210$ |
| **1876.** | $52\,632 \times 674$ | « | $35\,473\,968$ |
| **1877.** | $53\,481 \times 2\,605$ | « | $139\,318\,005$ |
| **1878.** | $32\,054 \times 2\,741$ | « | $87\,860\,014$ |
| **1879.** | $40\,681 \times 3\,704$ | « | $150\,682\,424$ |
| **1880.** | $9\,429 \times 1\,608$ | « | $15\,161\,832$ |
| **1881.** | $19\,072 \times 2\,805$ | « | $53\,496\,960$ |
| **1882.** | $23\,481 \times 1\,845$ | « | $43\,322\,445$ |
| **1883.** | $37\,802 \times 2\,067$ | « | $78\,136\,734$ |
| **1884.** | $38\,703 \times 2\,085$ | « | $80\,695\,755$ |
| **1885.** | $39\,905 \times 2\,098$ | « | $83\,720\,690$ |
| **1886.** | $45\,028 \times 327$ | « | $14\,724\,156$ |
| **1887.** | $8\,527 \times 1\,643$ | « | $14\,009\,861$ |
| **1888.** | $36\,758 \times 374$ | « | $13\,747\,492$ |
| **1889.** | $56\,301 \times 914$ | « | $51\,459\,114$ |
| **1890.** | $52\,743 \times 1\,808$ | « | $95\,359\,344$ |
| **1891.** | $50\,632 \times 749$ | « | $37\,923\,368$ |
| **1892.** | $51\,408 \times 848$ | « | $43\,593\,984$ |
| **1893.** | $53\,674 \times 867$ | « | $46\,535\,358$ |
| **1894.** | $56\,740 \times 676$ | « | $38\,356\,240$ |

| | | | |
|---|---|---|---|
| **1895.** | $48\,704 \times 7\,607$ | **Rép.** | $370\,491\,328$ |
| **1896.** | $38\,065 \times 2\,887$ | « | $109\,893\,655$ |
| **1897.** | $40\,359 \times 3\,902$ | « | $157\,480\,818$ |
| **1898.** | $9\,874 \times 2\,307$ | « | $22\,779\,318$ |
| **1899.** | $19\,184 \times 2\,740$ | « | $52\,564\,160$ |
| **1900.** | $24\,586 \times 1\,762$ | « | $43\,320\,532$ |
| **1901.** | $39\,495 \times 4\,074$ | « | $152\,754\,630$ |
| **1902.** | $37\,526 \times 5\,056$ | « | $189\,731\,456$ |
| **1903.** | $37\,978 \times 6\,037$ | « | $229\,273\,186$ |
| **1904.** | $5\,643 \times 358$ | « | $2\,020\,194$ |
| **1905.** | $24\,319 \times 1\,503$ | « | $36\,551\,457$ |
| **1906.** | $48\,319 \times 526$ | « | $25\,415\,794$ |
| **1907.** | $46\,075 \times 1\,420$ | « | $65\,426\,500$ |
| **1908.** | $47\,095 \times 1\,250$ | « | $58\,868\,750$ |
| **1909.** | $40\,763 \times 1\,360$ | « | $55\,437\,680$ |
| **1910.** | $49\,025 \times 2\,425$ | « | $118\,885\,625$ |
| **1911.** | $48\,072 \times 2\,430$ | « | $116\,814\,960$ |
| **1912.** | $58\,394 \times 625$ | « | $36\,496\,250$ |
| **1913.** | $35\,648 \times 8\,407$ | « | $299\,692\,736$ |
| **1914.** | $39\,075 \times 2\,895$ | « | $113\,122\,125$ |
| **1915.** | $40\,876 \times 3\,803$ | « | $155\,451\,428$ |
| **1916.** | $9\,927 \times 3\,506$ | « | $34\,804\,062$ |
| **1917.** | $19\,265 \times 2\,690$ | « | $51\,822\,850$ |
| **1918.** | $22\,794 \times 1\,664$ | « | $37\,929\,216$ |
| **1919.** | $40\,531 \times 1\,880$ | « | $76\,198\,280$ |
| **1920.** | $40\,874 \times 1\,309$ | « | $53\,504\,066$ |
| **1921.** | $40\,997 \times 1\,407$ | « | $57\,682\,779$ |
| **1922.** | $34\,309 \times 197$ | « | $6\,758\,873$ |
| **1923.** | $59\,630 \times 1\,260$ | « | $75\,133\,800$ |
| **1924.** | $57\,849 \times 2\,358$ | « | $136\,407\,942$ |
| **1925.** | $55\,044 \times 2\,964$ | « | $163\,150\,416$ |
| **1926.** | $58\,325 \times 3\,748$ | « | $218\,602\,100$ |
| **1927.** | $56\,697 \times 4\,425$ | « | $250\,884\,225$ |
| **1928.** | $49\,839 \times 4\,535$ | « | $226\,019\,865$ |
| **1929** | $57\,078 \times 4\,667$ | « | $266\,383\,026$ |
| **1930.** | $58\,749 \times 4\,880$ | « | $286\,695\,120$ |
| **1931.** | $46\,978 \times 5\,351$ | « | $251\,379\,278$ |
| **1932.** | $55\,879 \times 5\,647$ | « | $315\,548\,713$ |
| **1933.** | $52\,878 \times 5\,778$ | « | $305\,529\,084$ |
| **1934.** | $54\,888 \times 6\,603$ | « | $362\,425\,464$ |

| | | | |
|---|---|---|---|
| **1935.** | $48\,578 \times 6\,845$ | **Rép.** | $332\,516\,410$ |
| **1936.** | $52\,968 \times 6\,074$ | « | $321\,727\,632$ |
| **1937.** | $50\,948 \times 6\,175$ | « | $314\,603\,900$ |
| **1938.** | $49\,849 \times 6\,374$ | « | $317\,737\,526$ |
| **1939.** | $51\,347 \times 6\,879$ | « | $353\,216\,013$ |
| **1940.** | $48\,250 \times 648$ | « | $31\,266\,000$ |
| **1941.** | $61\,630 \times 7\,850$ | « | $483\,795\,500$ |
| **1942.** | $62\,748 \times 6\,243$ | « | $391\,735\,764$ |
| **1943.** | $66\,970 \times 6\,350$ | « | $425\,259\,500$ |
| **1944.** | $65\,497 \times 6\,763$ | « | $442\,956\,211$ |
| **1945.** | $63\,067 \times 6\,267$ | « | $395\,240\,889$ |
| **1946.** | $64\,549 \times 6\,885$ | « | $444\,419\,865$ |
| **1947.** | $56\,989 \times 6\,379$ | « | $363\,532\,831$ |
| **1948.** | $57\,473 \times 7\,048$ | « | $405\,069\,704$ |
| **1949.** | $66\,741 \times 7\,950$ | « | $530\,590\,950$ |
| **1950.** | $67\,427 \times 7\,874$ | « | $530\,920\,198$ |
| **1951.** | $68\,809 \times 7\,385$ | « | $508\,154\,465$ |
| **1952.** | $62\,850 \times 7\,247$ | « | $455\,473\,950$ |
| **1953.** | $58\,974 \times 7\,356$ | « | $433\,812\,744$ |
| **1954.** | $58\,244 \times 8\,040$ | « | $468\,281\,760$ |
| **1955.** | $39\,988 \times 8\,201$ | « | $327\,941\,588$ |
| **1956.** | $28\,997 \times 8\,387$ | « | $243\,197\,839$ |
| **1957.** | $47\,988 \times 8\,924$ | « | $428\,244\,912$ |
| **1958.** | $70\,791 \times 3\,529$ | « | $249\,821\,439$ |
| **1959.** | $71\,920 \times 4\,980$ | « | $358\,161\,600$ |
| **1960.** | $72\,836 \times 5\,260$ | « | $383\,117\,360$ |
| **1961.** | $73\,378 \times 5\,795$ | « | $425\,225\,510$ |
| **1962.** | $79\,920 \times 5\,887$ | « | $470\,489\,040$ |
| **1963.** | $78\,639 \times 8\,975$ | « | $705\,785\,025$ |
| **1964.** | $77\,675 \times 8\,687$ | « | $674\,762\,725$ |
| **1965.** | $70\,490 \times 8\,770$ | « | $618\,197\,300$ |
| **1966.** | $80\,306 \times 8\,969$ | « | $720\,264\,514$ |
| **1967.** | $81\,820 \times 8\,870$ | « | $725\,743\,400$ |
| **1968.** | $59\,979 \times 9\,604$ | « | $576\,038\,316$ |
| **1969.** | $72\,975 \times 9\,375$ | « | $684\,140\,625$ |
| **1970.** | $84\,373 \times 9\,827$ | « | $829\,182\,606$ |
| **1971.** | $58\,790 \times 9\,700$ | « | $570\,263\,000$ |
| **1972.** | $82\,009 \times 8\,704$ | « | $713\,806\,336$ |
| **1973.** | $84\,070 \times 7\,650$ | « | $643\,135\,500$ |
| **1974.** | $85\,900 \times 14\,800$ | « | $1\,271\,320\,000$ |

| | | | |
|---|---|---|---|
| **1975.** | $92\,780 \times 8\,680$ | **Rép.** | $805\,330\,400$ |
| **1976.** | $81\,257 \times 3\,870$ | « | $314\,464\,590$ |
| **1977.** | $82\,385 \times 9\,630$ | « | $793\,367\,550$ |
| **1978.** | $83\,077 \times 7\,860$ | « | $652\,985\,220$ |
| **1979.** | $84\,975 \times 8\,359$ | « | $710\,306\,025$ |
| **1980.** | $85\,072 \times 7\,476$ | « | $635\,998\,272$ |
| **1981.** | $84\,985 \times 8\,957$ | « | $761\,210\,645$ |
| **1982.** | $86\,772 \times 9\,684$ | « | $840\,300\,048$ |
| **1983.** | $87\,995 \times 9\,925$ | « | $873\,350\,375$ |
| **1984.** | $88\,693 \times 9\,827$ | « | $871\,586\,111$ |
| **1985.** | $89\,920 \times 9\,670$ | « | $869\,526\,400$ |
| **1986.** | $92\,813 \times 8\,976$ | « | $833\,089\,488$ |
| **1987.** | $93\,370 \times 6\,900$ | « | $644\,253\,000$ |
| **1988.** | $94\,607 \times 7\,809$ | « | $738\,786\,063$ |
| **1989.** | $95\,438 \times 9\,698$ | « | $925\,557\,724$ |
| **1990.** | $98\,908 \times 9\,548$ | « | $944\,373\,584$ |
| **1991.** | $97\,650 \times 4\,900$ | « | $478\,485\,000$ |
| **1992.** | $96\,845 \times 9\,694$ | « | $938\,815\,430$ |
| **1993.** | $99\,328 \times 9\,887$ | « | $982\,055\,936$ |
| **1994.** | $7\,294{,}2 \times 76{,}14$ | « | $555\,380{,}388$ |
| **1995.** | $1\,369{,}4 \times 7{,}54$ | « | $10\,325{,}276$ |
| **1996.** | $1\,453{,}7 \times 24{,}08$ | « | $35\,005{,}096$ |
| **1997.** | $2\,476{,}7 \times 137{,}4$ | « | $340\,298{,}58$ |
| **1998.** | $3\,529{,}2 \times 48{,}05$ | « | $169\,578{,}06$ |
| **1999.** | $7\,489{,}8 \times 276{,}8$ | « | $2\,073\,176{,}64$ |
| **2000.** | $563{,}74 \times 18{,}82$ | « | $10\,609{,}586\,8$ |
| **2001.** | $674{,}57 \times 26{,}25$ | « | $17\,707{,}462\,5$ |
| **2002.** | $849{,}48 \times 76{,}35$ | « | $64\,857{,}798$ |
| **2003.** | $1\,764{,}8 \times 18{,}06$ | « | $31\,872{,}288$ |
| **2004.** | $2\,436{,}5 \times 825{,}4$ | « | $2\,011\,087{,}1$ |
| **2005.** | $2\,534{,}8 \times 23{,}55$ | « | $59\,694{,}54$ |
| **2006.** | $3\,495{,}8 \times 235{,}6$ | « | $823\,610{,}48$ |
| **2007.** | $3\,594{,}4 \times 356{,}5$ | « | $1\,281\,403{,}6$ |
| **2008.** | $4\,351{,}65 \times 26{,}14$ | « | $113\,752{,}131$ |
| **2009.** | $4\,072{,}6 \times 234{,}5$ | « | $955\,024{,}7$ |
| **2010.** | $4\,807{,}4 \times 38{,}25$ | « | $183\,883{,}05$ |
| **2011.** | $5\,630{,}8 \times 482{,}5$ | « | $2\,716\,861$ |
| **2012.** | $9\,626{,}5 \times 14{,}85$ | « | $142\,953{,}525$ |
| **2013.** | $265{,}42 \times 32{,}57$ | « | $8\,644{,}729\,4$ |
| **2014.** | $3\,497{,}5 \times 86{,}25$ | « | $301\,659{,}375$ |

| | | | |
|---|---|---|---|
| **2015.** | $438,75 \times 16,28$ | **Rép.** | 7 142,85 |
| **2016.** | $458,45 \times 235,6$ | « | 108 010,82 |
| **2017.** | $3 645,2 \times 262,5$ | « | 956 865 |
| **2018.** | $3 243,3 \times 625,1$ | « | 2 027 386,83 |
| **2019.** | $4 256,25 \times 22,06$ | « | 93 892,875 |
| **2020.** | $1 459,28 \times 36,05$ | « | 52 607,044 |
| **2021.** | $4 935,2 \times 62,41$ | « | 308 005,832 |
| **2022.** | $2 536,42 \times 14,35$ | « | 36 397,627 |
| **2023.** | $5 639,8 \times 54,7$ | « | 308 497,06 |
| **2024.** | $6 845,4 \times 327,5$ | « | 2 241 868,5 |
| **2025.** | $6 042,8 \times 86,45$ | « | 522 400,06 |
| **2026.** | $7 430,7 \times 69,5$ | « | 516 433,65 |
| **2027.** | $7 308,6 \times 73,9$ | « | 540 105,54 |
| **2028.** | $862,54 \times 324,5$ | « | 279 894,23 |
| **2029.** | $8 069,08 \times 13,05$ | « | 105 301,404 |
| **2030.** | $83,421 \times 6,254$ | « | 521,714 934 |
| **2031.** | $403,55 \times 28,04$ | « | 11 315,542 |
| **2032.** | $7 764,7 \times 198,5$ | « | 1 541 292,95 |
| **2033.** | $7 243,9 \times 526,4$ | « | 3 813 188,96 |
| **2034.** | $6 743,4 \times 815,6$ | « | 5 499 917,04 |
| **2035.** | $1 520,25 \times 26,82$ | « | 40 773,105 |
| **2036.** | $594,38 \times 76,25$ | « | 45 321,475 |
| **2037.** | $8 321,2 \times 134,5$ | « | 1 119 201,4 |
| **2038.** | $7 348,5 \times 4 264$ | « | 31 334 004 |
| **2039.** | $934,56 \times 3,85$ | « | 3 598,056 |
| **2040.** | $563,43 \times 25,64$ | « | 14 446,3452 |
| **2041.** | $894,54 \times 79,5$ | « | 71 115,93 |
| **2042.** | $807,25 \times 23,54$ | « | 19 002,665 |
| **2043.** | $7 630,25 \times 48,4$ | « | 369 304,1 |
| **2044.** | $7 924,6 \times 423,5$ | « | 3 356 068,1 |
| **2045.** | $625,45 \times 32,36$ | « | 20 239,562 |
| **2046.** | $985,25 \times 74,5$ | « | 73 401,125 |
| **2047.** | $9 630,8 \times 85,6$ | « | 824 396,48 |
| **2048.** | $37,483 \times 19,56$ | « | 733,167 48 |
| **2049.** | $387,84 \times 29,05$ | « | 11 266,752 |
| **2050.** | $839,70 \times 36,48$ | « | 30 632,256 |
| **2051.** | $8 274,45 \times 85,6$ | « | 708 292,92 |
| **2052.** | $6 340,2 \times 26,03$ | « | 165 035,406 |
| **2053.** | $3 405,75 \times 23,54$ | « | 80 171,355 |
| **2054.** | $635,74 \times 29,65$ | « | 18 849,691 |

| | | | |
|---|---|---|---|
| **2055.** | $863,72 \times 17,45$ | **Rép.** | 15 071,914 |
| **2056.** | $326,44 \times 885$ | « | 288 899,4 |
| **2057.** | $887,52 \times 84,5$ | « | 74 995,44 |
| **2058.** | $587,48 \times 34,65$ | « | 20 356,182 |
| **2059.** | $1 635,75 \times 54,8$ | « | 89 639,1 |
| **2060.** | $625,92 \times 32,85$ | « | 20 561,472 |
| **2061.** | $2.063,45 \times 25,24$ | « | 52 081,478 |
| **2062.** | $7 839,4 \times 724,5$ | « | 5 679 645,3 |
| **2063.** | $6 043,24 \times 128,5$ | « | 776 556,34 |
| **2064.** | $9 495,6 \times 394,5$ | « | 3 746 014,2 |
| **2065.** | $9 527,8 \times 37,5$ | « | 357 292,5 |
| **2066.** | $1 433,56 \times 18,57$ | « | 26 621,2092 |
| **2067.** | $286,343 \times 1,975$ | « | 565,527425 |
| **2068.** | $314,841 \times 27,58$ | « | 8 683,31478 |
| **2069.** | $327,591 \times 29,64$ | « | 9 709,79724 |
| **2070.** | $179,451 \times 39,08$ | « | 7 012,94508 |
| **2071.** | $1 948,52 \times 38,43$ | « | 74 881,6236 |
| **2072.** | $242,754 \times 37,65$ | « | 9 139,6881 |
| **2073.** | $228,87 \times 364,8$ | « | 83 491,776 |
| **2074.** | $219,951 \times 8,96$ | « | 1 970,76096 |
| **2075.** | $312,742 \times 2,565$ | « | 802,18323 |
| **2076.** | $2 085,63 \times 19,87$ | « | 41 441,4681 |
| **2077.** | $3 297,56 \times 85,25$ | « | 281 116,99 |
| **2078.** | $3 748,26 \times 27,45$ | « | 102 889,737 |
| **2079.** | $4 725,42 \times 39,56$ | « | 186 937,6152 |
| **2080.** | $562,875 \times 3,664$ | « | 2 062,374 |
| **2081.** | $5 943,25 \times 82,72$ | « | 491 625,64 |
| **2082.** | $5 840,35 \times 63,04$ | « | 368 175,664 |
| **2083.** | $6 772,45 \times 63,08$ | « | 427 206,146 |
| **2084.** | $2 563,43 \times 18,47$ | « | 47 346,5521 |
| **2085.** | $362,485 \times 2,935$ | « | 1 063,893475 |
| **2086.** | $5 398,25 \times 46,34$ | « | 250 154,905 |
| **2087.** | $1 763,75 \times 89,24$ | « | 157 397,05 |
| **2088.** | $2 456,25 \times 25,54$ | « | 62 732,625 |
| **2089.** | $3 060,75 \times 83,64$ | « | 256 004,13 |
| **2090.** | $4 832,24 \times 56,35$ | « | 272 296,724 |
| **2091.** | $3 527,28 \times 29,45$ | « | 103 878,396 |
| **2092.** | $2 632,05 \times 84,13$ | « | 221 434,3665 |
| **2093.** | $1 977,58 \times 36,67$ | « | 72 517,8586 |
| **2094.** | $45 638,2 \times 546,5$ | « | 24 941 276,3 |

| | | | |
|---|---|---|---|
| **2095.** | $4\,687,44 \times 36,85$ | **Rép.** | $172\,732,164$ |
| **2096.** | $3\,974,75 \times 46,25$ | « | $183\,832,1875$ |
| **2097.** | $4\,837,67 \times 29,56$ | « | $143\,001,5252$ |
| **2098.** | $7\,256,17 \times 384,7$ | « | $2\,791\,448,599$ |
| **2099.** | $14\,975,8 \times 632,5$ | « | $9\,472\,193,5$ |
| **2100.** | $37\,635,43 \times 82,72$ | « | $3\,143\,202,7696$ |
| **2101.** | $65\,425,44 \times 86,25$ | « | $5\,642\,944,2$ |
| **2102.** | $139,423 \times 5,63$ | « | $784,95149$ |
| **2103.** | $243,543 \times 36,28$ | « | $8\,835,74004$ |
| **2104.** | $5\,629,45 \times 26,54$ | « | $149\,405,603$ |
| **2105.** | $1\,935,89 \times 18,75$ | « | $36\,297,9375$ |
| **2106.** | $2\,987,35 \times 36,38$ | « | $108\,679,793$ |
| **2107.** | $4\,287,39 \times 23,87$ | « | $102\,339,9993$ |
| **2108.** | $5\,624,82 \times 39,45$ | « | $221\,899,149$ |
| **2109.** | $983,782 \times 32,55$ | « | $32\,022,1041$ |
| **2110.** | $482,745 \times 9,324$ | « | $4\,501,11438$ |
| **2111.** | $3\,775,44 \times 260,5$ | « | $983\,502,12$ |
| **2112.** | $4\,059,48 \times 37,65$ | « | $152\,839,422$ |
| **2113.** | $4\,987,5 \times 932,4$ | « | $4\,650\,345$ |
| **2114.** | $18\,956,8 \times 43,75$ | « | $829\,360$ |
| **2115.** | $5\,624,37 \times 32,67$ | « | $183\,748,1679$ |
| **2116.** | $6\,794,56 \times 78,54$ | « | $533\,644,7424$ |
| **2117.** | $6\,084,36 \times 295,6$ | « | $1\,798\,536,816$ |
| **2118.** | $39\,472,8 \times 622,5$ | « | $24\,571\,818$ |
| **2119.** | $73\,318,5 \times 624,5$ | « | $45\,787\,403,25$ |
| **2120.** | $486,35 \times 24,24$ | « | $11\,789,124$ |
| **2121.** | $196,084 \times 3,535$ | « | $693,15694$ |
| **2122.** | $8\,630,25 \times 84,94$ | « | $733\,053,435$ |
| **2123.** | $4\,526,72 \times 84,25$ | « | $381\,376,16$ |
| **2124.** | $948,28 \times 46,35$ | « | $43\,952,778$ |
| **2125.** | $2\,534,18 \times 56,45$ | « | $143\,054,461$ |
| **2126.** | $4\,825,75 \times 36,24$ | « | $174\,885,18$ |
| **2127.** | $962,534 \times 2,625$ | « | $2\,526,65175$ |
| **2128.** | $8\,345,28 \times 67,57$ | « | $563\,890,5696$ |
| **2129.** | $8\,947,43 \times 63,69$ | « | $569\,861,8167$ |
| **2130.** | $9\,069,45 \times 23,54$ | « | $213\,494,853$ |
| **2131.** | $9\,942,05 \times 37,58$ | « | $373\,622,239$ |
| **2132.** | $5\,992,83 \times 65,84$ | « | $394\,567,9272$ |
| **2133.** | $6\,792,56 \times 369,5$ | « | $2\,509\,850,92$ |
| **2134.** | $9\,697,29 \times 38,54$ | « | $373\,733,5566$ |

| 2135. | 8 779,45 × 36,58 | Rép. | 324 152,281 |
| 2136. | 7 986,42 × 89,25 | « | 712 787,985 |
| 2137. | 9 939,87 × 35,49 | « | 352 765,9863 |

## § IV. Divisions.

| 2138. | 856 : 2 | Rép. | 428 | 2171. | 406 : 7 | Rép. | 58 |
|---|---|---|---|---|---|---|---|
| 2139. | 748 : 2 | « | 374 | 2172. | 483 : 7 | « | 69 |
| 2140. | 972 : 2 | « | 486 | 2173. | 504 : 7 | « | 72 |
| 2141. | 531 : 3 | « | 177 | 2174. | 644 : 7 | « | 92 |
| 2142. | 762 : 3 | « | 254 | 2175. | 763 : 7 | « | 109 |
| 2143. | 819 : 3 | « | 273 | 2176. | 875 : 7 | « | 125 |
| 2144. | 627 : 3 | « | 209 | 2177. | 966 : 7 | « | 138 |
| 2145. | 524 : 4 | « | 131 | 2178. | 176 : 8 | « | 22 |
| 2146. | 716 : 4 | « | 179 | 2179. | 272 : 8 | « | 34 |
| 2147. | 948 : 4 | « | 237 | 2180. | 464 : 8 | « | 58 |
| 2148. | 692 : 4 | « | 173 | 2181. | 392 : 8 | « | 49 |
| 2149. | 576 : 4 | « | 144 | 2182. | 504 : 8 | « | 63 |
| 2150. | 925 : 5 | « | 185 | 2183. | 600 : 8 | « | 75 |
| 2151. | 975 : 5 | « | 195 | 2184. | 768 : 8 | « | 96 |
| 2152. | 830 : 5 | « | 166 | 2185. | 872 : 8 | « | 109 |
| 2153. | 850 : 5 | « | 170 | 2186. | 992 : 8 | « | 124 |
| 2154. | 795 : 5 | « | 159 | 2187. | 144 : 8 | « | 18 |
| 2155. | 675 : 5 | « | 135 | 2188. | 756 : 9 | « | 84 |
| 2156. | 570 : 5 | « | 114 | 2189. | 162 : 9 | « | 18 |
| 2157. | 490 : 5 | « | 98 | 2190. | 207 : 9 | « | 23 |
| 2158. | 846 : 6 | « | 141 | 2191. | 306 : 9 | « | 34 |
| 2159. | 882 : 6 | « | 147 | 2192. | 423 : 9 | « | 47 |
| 2160. | 684 : 6 | « | 114 | 2193. | 477 : 9 | « | 53 |
| 2161. | 486 : 6 | « | 81 | 2194. | 567 : 9 | « | 63 |
| 2162. | 738 : 6 | « | 123 | 2195. | 603 : 9 | « | 67 |
| 2163. | 828 : 6 | « | 138 | 2196. | 648 : 9 | « | 72 |
| 2164. | 288 : 6 | « | 48 | 2197. | 747 : 9 | « | 83 |
| 2165. | 888 : 6 | « | 148 | 2198. | 819 : 9 | « | 91 |
| 2166. | 574 : 7 | « | 82 | 2199. | 846 : 9 | « | 94 |
| 2167. | 672 : 7 | « | 96 | 2200. | 918 : 9 | « | 102 |
| 2168. | 168 : 7 | « | 24 | 2201. | 972 : 9 | « | 108 |
| 2169. | 245 : 7 | « | 35 | 2202. | 981 : 9 | « | 109 |
| 2170. | 322 : 7 | « | 46 | 2203. | 637 : 7 | « | 91 |

| | | | | | | | |
|---|---|---|---|---|---|---|---|
| **2204.** | 944 : 8 | **Rép.** | 118 | **2221.** | 905 : 5 | **Rép.** | 181 |
| **2205.** | 980 : 7 | « | 140 | **2222.** | 654 : 6 | « | 109 |
| **2206.** | 952 : 8 | « | 119 | **2223.** | 780 : 6 | « | 130 |
| **2207.** | 942 : 6 | « | 157 | **2224.** | 856 : 8 | « | 107 |
| **2208.** | 985 : 5 | « | 197 | **2225.** | 984 : 8 | « | 123 |
| **2209.** | 988 : 4 | « | 247 | **2226.** | 873 : 9 | « | 97 |
| **2210.** | 785 : 5 | « | 151 | **2227.** | 774 : 9 | « | 86 |
| **2211.** | 864 : 6 | « | 144 | **2228.** | 3 848 : 8 | « | 481 |
| **2212.** | 783 : 9 | « | 87 | **2229.** | 7 965 : 5 | « | 1 593 |
| **2213.** | 903 : 7 | « | 129 | **2230.** | 8 736 : 12 | « | 728 |
| **2214.** | 968 : 8 | « | 121 | **2231.** | 8 475 : 15 | « | 565 |
| **2215.** | 702 : 9 | « | 78 | **2232.** | 8 475 : 25 | « | 339 |
| **2216.** | 765 : 9 | « | 85 | **2233.** | 8 360 : 11 | « | 760 |
| **2217.** | 774 : 6 | « | 129 | **2234.** | 1 729 : 13 | « | 133 |
| **2218.** | 840 : 5 | « | 168 | **2235.** | 2 156 : 14 | « | 154 |
| **2219.** | 776 : 4 | « | 194 | **2236.** | 4 851 : 21 | « | 231 |
| **2220.** | 690 : 5 | « | 138 | | | | |

## Calculer les entiers du quotient.

| | | | | | |
|---|---|---|---|---|---|
| **2237.** | 5 654 : 23 | **Rép.** | 245 | Reste | 19 |
| **2238.** | 7 965 : 32 | « | 248 | « | 29 |
| **2239.** | 8 087 : 24 | « | 336 | « | 23 |
| **2240.** | 9 385 : 42 | « | 223 | « | 19 |
| **2241.** | 9 698 : 52 | « | 186 | « | 26 |
| **2242.** | 8 635 : 26 | « | 332 | « | 3 |
| **2243.** | 9 643 : 34 | « | 283 | « | 21 |
| **2244.** | 5 687 : 33 | « | 172 | « | 11 |
| **2245.** | 6 882 : 62 | « | 111 | « | « |
| **2246.** | 8 073 : 27 | « | 299 | « | « |
| **2247.** | 9 420 : 72 | « | 130 | « | 60 |
| **2248.** | 8 641 : 28 | « | 308 | « | 17 |
| **2249.** | 6 970 : 82 | « | 85 | « | « |
| **2250.** | 8 975 : 29 | « | 309 | « | 14 |
| **2251.** | 7 648 : 92 | « | 83 | « | 12 |
| **2252.** | 5 770 : 34 | « | 169 | « | 24 |
| **2253.** | 8 925 : 43 | « | 207 | « | 24 |
| **2254.** | 6 095 : 35 | « | 174 | « | 5 |
| **2255.** | 7 400 : 53 | « | 139 | « | 33 |
| **2256.** | 8 100 : 36 | « | 225 | « | « |

| | | |  | |  | |
|---|---|---|---|---|---|---|
| **2257.** | 5 277 : 63 | **Rép.** | 83 | Reste | 48 |
| **2258.** | 9 738 : 18 | « | 541 | « | « |
| **2259.** | 8 064 : 81 | « | 99 | « | 45 |
| **2260.** | 9 445 : 37 | « | 255 | « | 10 |
| **2261.** | 4 096 : 73 | « | 56 | « | 8 |
| **2262.** | 9 601 : 38 | « | 252 | « | 25 |
| **2263.** | 5 625 : 83 | « | 67 | « | 64 |
| **2264.** | 3 693 : 39 | « | 94 | « | 27 |
| **2265.** | 8 160 : 93 | « | 87 | « | 69 |
| **2266.** | 9 672 : 31 | « | 312 | « | « |
| **2267.** | 7 744 : 41 | « | 188 | « | 36 |
| **2268.** | 9 884 : 44 | « | 224 | « | 28 |
| **2269.** | 4 275 : 45 | « | 95 | « | « |
| **2270.** | 3 618 : 54 | « | 67 | « | « |
| **2271.** | 7 815 : 46 | « | 169 | « | 41 |
| **2272.** | 8 192 : 64 | « | 128 | « | « |
| **2273.** | 7 619 : 19 | « | 401 | « | « |
| **2274.** | 8 406 : 91 | « | 92 | « | 34 |
| **2275.** | 6 943 : 47 | « | 147 | « | 34 |
| **2276.** | 8 600 : 74 | « | 116 | « | 16 |
| **2277.** | 8 880 : 48 | « | 185 | « | « |
| **2278.** | 7 072 : 84 | « | 84 | « | 16 |
| **2279.** | 8 722 : 49 | « | 178 | « | « |
| **2280.** | 9 999 : 94 | « | 106 | « | 35 |
| **2281.** | 9 295 : 55 | « | 169 | « | « |
| **2282.** | 6 098 : 56 | « | 108 | « | 50 |
| **2283.** | 3 984 : 57 | « | 69 | « | 51 |
| **2284.** | 6 370 : 65 | « | 98 | « | « |
| **2285.** | 9 975 : 75 | « | 133 | « | « |
| **2286.** | 6 908 : 58 | « | 119 | « | 6 |
| **2287.** | 7 907 : 85 | « | 93 | « | 2 |
| **2288.** | 5 133 : 59 | « | 87 | « | « |
| **2289.** | 8 496 : 95 | « | 89 | « | 41 |
| **2290.** | 5 676 : 66 | « | 86 | « | « |
| **2291.** | 8 075 : 67 | « | 120 | « | 35 |
| **2292.** | 9 648 : 76 | « | 126 | « | 72 |
| **2293.** | 5 848 : 68 | « | 86 | « | « |
| **2294.** | 7 396 : 86 | « | 86 | « | « |
| **2295.** | 9 008 : 69 | « | 130 | « | 38 |
| **2296.** | 8 696 : 96 | « | 90 | « | 56 |

| | | | | | |
|---|---|---|---|---|---|
| **2297.** | 6 545 : 77 | **Rép.** | 85 | Reste | « |
| **2298.** | 7 094 : 78 | « | 90 | « | 74 |
| **2299.** | 8 106 : 87 | « | 93 | « | 15 |
| **2300.** | 6 647 : 79 | « | 84 | « | 11 |
| **2301.** | 9 098 : 97 | « | 93 | « | 74 |
| **2302.** | 8 712 : 99 | « | 88 | « | « |
| **2303.** | 9 874 : 95 | « | 103 | « | 89 |
| **2304.** | 8 946 : 90 | « | 99 | « | 36 |
| **2305.** | 7 964 : 90 | « | 99 | « | 44 |
| **2306.** | 9 670 : 85 | « | 113 | « | 65 |
| **2307.** | 8 975 : 91 | « | 98 | « | 57 |
| **2308.** | 9 857 : 93 | « | 105 | « | 92 |
| **2309.** | 46 116 : 84 | « | 549 | « | « |
| **2310.** | 32 945 : 48 | « | 686 | « | 17 |
| **2311.** | 95 975 : 25 | « | 3 839 | « | « |
| **2312.** | 78 000 : 75 | « | 1 040 | « | « |
| **2313.** | 63 548 : 29 | « | 2 191 | « | 9 |
| **2314.** | 80 415 : 39 | « | 2 061 | « | 36 |
| **2315.** | 64 258 : 68 | « | 944 | « | 66 |
| **2316.** | 30 666 : 38 | « | 807 | « | « |
| **2317.** | 52 696 : 56 | « | 941 | « | « |
| **2318.** | 34 943 : 57 | « | 613 | « | 2 |
| **2319.** | 60 081 : 37 | « | 1 623 | « | 30 |
| **2320.** | 56 349 : 77 | « | 731 | « | 62 |
| **2321.** | 16 512 : 86 | « | 192 | « | « |
| **2322.** | 84 906 : 74 | « | 1 147 | « | 28 |
| **2323.** | 39 043 : 59 | « | 661 | « | 44 |
| **2324.** | 65 835 : 63 | « | 1 045 | « | « |
| **2325.** | 74 810 : 65 | « | 1 150 | « | 60 |
| **2326.** | 81 864 : 36 | « | 2 274 | « | « |
| **2327.** | 55 877 : 72 | « | 776 | « | 5 |
| **2328.** | 79 376 : 88 | « | 902 | « | « |
| **2329.** | 80 635 : 89 | « | 906 | « | 1 |
| **2330.** | 65 367 : 81 | « | 807 | « | « |
| **2331.** | 19 001 : 73 | « | 260 | « | 21 |
| **2332.** | 79 950 : 82 | « | 975 | « | « |
| **2333.** | 56 931 : 87 | « | 654 | « | 33 |
| **2334.** | 67 742 : 71 | « | 954 | « | 8 |
| **2335.** | 19 364 : 94 | « | 206 | « | « |
| **2336.** | 64 300 : 76 | « | 846 | « | 4 |

| | | | | | |
|---|---|---|---|---|---|
| **2337.** | 54 835 : 62 | **Rép.** | 884 | Reste | 27 |
| **2338.** | 12 352 : 64 | « | 193 | « | 0 |
| **2339.** | 72 940 : 78 | « | 935 | « | 10 |
| **2340.** | 37 843 : 96 | « | 394 | « | 19 |
| **2341.** | 99 462 : 66 | « | 1 507 | « | 0 |
| **2342.** | 38 609 : 69 | « | 559 | « | 38 |
| **2343.** | 31 837 : 79 | « | 403 | « | 0 |
| **2344.** | 90 847 : 67 | « | 1 355 | « | 62 |
| **2345.** | 83 645 : 97 | « | 862 | « | 31 |
| **2346.** | 71 706 : 51 | « | 1 406 | « | 0 |
| **2347.** | 69 377 : 53 | « | 1 309 | « | 0 |
| **2348.** | 94 254 : 98 | « | 961 | « | 76 |
| **2349.** | 35 448 : 52 | « | 681 | « | 36 |
| **2350.** | 84 096 : 16 | « | 5 256 | « | 0 |
| **2351.** | 79 794 : 99 | « | 806 | « | 0 |
| **2352.** | 74 806 : 54 | « | 1 385 | « | 16 |
| **2353.** | 92 708 : 92 | « | 1 007 | « | 64 |
| **2354.** | 96 085 : 17 | « | 5 652 | « | 1 |
| **2355.** | 78 435 : 83 | « | 945 | « | 0 |
| **2356.** | 55 566 : 27 | « | 2 058 | « | 0 |
| **2357.** | 86 752 : 55 | « | 1 577 | « | 17 |
| **2358.** | 32 480 : 18 | « | 1 804 | « | 8 |
| **2359.** | 33 900 : 58 | « | 584 | « | 28 |
| **2360.** | 67 401 : 49 | « | 1 375 | « | 26 |
| **2361.** | 35 947 : 28 | « | 1 283 | « | 23 |
| **2362.** | 51 395 : 19 | « | 2 705 | « | 0 |
| **2363.** | 484 635 : 245 | « | 1 978 | « | 25 |
| **2364.** | 654 938 : 254 | « | 2 578 | « | 126 |
| **2365.** | 804 600 : 236 | « | 3 409 | « | 76 |
| **2366.** | 706 920 : 258 | « | 2 740 | « | 0 |
| **2367.** | 35 245 : 328 | « | 107 | « | 149 |
| **2368.** | 695 230 : 856 | « | 812 | « | 158 |
| **2369.** | 960 081 : 554 | « | 1 732 | « | 553 |
| **2370.** | 835 673 : 653 | « | 1 279 | « | 486 |
| **2371.** | 529 557 : 501 | « | 1 057 | « | 0 |
| **2372.** | 969 210 : 541 | « | 1 791 | « | 279 |
| **2373.** | 492 714 : 838 | « | 587 | « | 808 |
| **2374.** | 619 815 : 634 | « | 977 | « | 397 |
| **2375.** | 743 964 : 532 | « | 1 398 | « | 228 |
| **2376.** | 867 453 : 621 | « | 1 396 | « | 537 |

| | | | | | |
|---|---|---|---|---|---|
| **2377.** | 435 175 : 515 | **Rép.** | 845 | Reste | 0 |
| **2378.** | 887 763 : 512 | « | 1 733 | « | 467 |
| **2379.** | 827 820 : 420 | « | 1 971 | « | 0 |
| **2380.** | 396 001 : 431 | « | 918 | « | 343 |
| **2381.** | 454 582 : 405 | « | 1 122 | « | 172 |
| **2382.** | 675 350 : 965 | « | 699 | « | 815 |
| **2383** | 784 256 : 454 | « | 1 727 | « | 198 |
| **2384.** | 906 408 : 666 | « | 1 360 | « | 648 |
| **2385.** | 296 008 : 458 | « | 646 | « | 140 |
| **2386.** | 797 864 : 978 | « | 815 | « | 794 |
| **2387.** | 301 250 : 482 | « | 625 | « | 0 |
| **2388.** | 584 250 : 485 | « | 1 204 | « | 310 |
| **2389.** | 498 635 : 981 | « | 508 | « | 287 |
| **2390.** | 245 624 : 491 | « | 500 | « | 124 |
| **2391.** | 359 297 : 492 | « | 730 | « | 137 |
| **2392.** | 428 796 : 495 | « | 866 | « | 126 |
| **2393.** | 795 964 : 369 | « | 2 157 | « | 31 |
| **2394.** | 279 606 : 378 | « | 739 | « | 264 |
| **2395.** | 943 525 : 376 | « | 2 509 | « | 141 |
| **2396.** | 778 968 : 872 | « | 893 | « | 272 |
| **2397.** | 697 000 : 377 | « | 1 848 | « | 304 |
| **2398.** | 320 250 : 375 | « | 854 | « | 0 |
| **2399.** | 482 735 : 779 | « | 619 | « | 534 |
| **2400.** | 692 834 : 582 | « | 1 190 | « | 254 |
| **2401.** | 528 305 : 386 | « | 1 368 | « | 317 |
| **2402.** | 298 605 : 385 | « | 775 | « | 230 |
| **2403.** | 746 028 : 818 | « | 912 | « | 12 |
| **2404.** | 490 906 : 391 | « | 1 255 | « | 201 |
| **2405.** | 796 348 : 392 | « | 2 031 | « | 196 |
| **2406.** | 769 423 : 896 | « | 858 | « | 655 |
| **2407.** | 643 935 : 397 | « | 1 622 | « | 1 |
| **2408.** | 743 265 : 283 | « | 2 626 | « | 107 |
| **2409.** | 882 634 : 282 | « | 3 129 | « | 256 |
| **2410.** | 900 600 : 484 | « | 1 860 | « | 360 |
| **2411.** | 835 620 : 284 | « | 2 942 | « | 92 |
| **2412.** | 599 742 : 286 | « | 2 097 | « | 0 |
| **2413.** | 496 520 : 587 | « | 845 | « | 505 |
| **2414.** | 298 376 : 285 | « | 1 046 | « | 266 |
| **2415.** | 686 504 : 788 | « | 871 | « | 156 |
| **2416.** | 369 458 : 289 | « | 1 278 | « | 116 |

| | | | | | |
|---|---|---|---|---|---|
| **2417.** | 7654302 : 399 | **Rép.** | 19183 | Reste | 285 |
| **2418.** | 614952 : 292 | « | 2106 | « | 0 |
| **2419.** | 982345 : 494 | « | 1988 | « | 273 |
| **2420.** | 796385 : 893 | « | 891 | « | 722 |
| **2421.** | 980678 : 295 | « | 3324 | « | 198 |
| **2422.** | 917244 : 298 | « | 3078 | « | 0 |
| **2423.** | 89406 : 58 | « | 1541 | « | 28 |
| **2424.** | 806305 : 975 | « | 826 | « | 955 |
| **2425.** | 95944 : 984 | « | 97 | « | 496 |
| **2426.** | 725472 : 916 | « | 792 | « | 0 |
| **2427.** | 625302 : 879 | « | 711 | « | 333 |
| **2428.** | 845375 : 895 | « | 944 | « | 495 |
| **2429.** | 98207 : 789 | « | 124 | « | 371 |
| **2430.** | 84260 : 797 | « | 105 | « | 575 |
| **2431.** | 62480 : 792 | « | 78 | « | 704 |
| **2432.** | 8206 : 695 | « | 11 | « | 561 |
| **2433.** | 733725 : 675 | « | 1087 | « | 0 |
| **2434.** | 60842 : 659 | « | 92 | « | 214 |
| **2435.** | 96835 : 635 | « | 152 | « | 315 |
| **2436.** | 45864 : 657 | « | 69 | « | 531 |
| **2437.** | 369125 : 648 | « | 569 | « | 413 |
| **2438.** | 977220 : 445 | « | 2196 | « | 0 |
| **2439.** | 498952 : 542 | « | 920 | « | 312 |
| **2440.** | 548603 : 519 | « | 1057 | « | 20 |
| **2441.** | 78425 : 525 | « | 149 | « | 200 |
| **2442.** | 196250 : 564 | « | 347 | « | 542 |
| **2443.** | 16935 : 560 | « | 30 | « | 135 |
| **2444.** | 392675 : 435 | « | 902 | « | 305 |
| **2445.** | 801696 : 444 | « | 1805 | « | 276 |
| **2446.** | 724556 : 452 | « | 1603 | « | 0 |
| **2447.** | 63254 : 356 | « | 177 | « | 242 |
| **2448.** | 876348 : 354 | « | 2476 | « | 44 |
| **2449.** | 969493 : 352 | « | 2754 | « | 85 |
| **2450.** | 843567 : 355 | « | 2376 | « | 87 |
| **2451.** | 91946 : 357 | « | 257 | « | 197 |
| **2452.** | 357642 : 358 | « | 999 | « | 0 |
| **2453.** | 96294 : 162 | « | 594 | « | 66 |
| **2454.** | 195208 : 264 | « | 739 | « | 112 |
| **2455.** | 90945 : 267 | « | 340 | « | 165 |
| **2456.** | 86001 : 268 | « | 320 | « | 241 |

| | | | | | |
|---|---|---|---|---|---|
| **2457.** | 147 906 : 166 | **Rép.** | 891 | Reste | 0 |
| **2458.** | 642 354 : 165 | « | 3 893 | « | 9 |
| **2459.** | 842 672 : 269 | « | 3 132 | « | 164 |
| **2460.** | 377 647 : 277 | « | 1 363 | « | 96 |
| **2461.** | 565 420 : 271 | « | 2 086 | « | 114 |
| **2462.** | 74 325 : 174 | « | 427 | « | 27 |
| **2463.** | 645 258 : 276 | « | 2 337 | « | 246 |
| **2464.** | 269 775 : 275 | « | 981 | « | 0 |
| **2465.** | 43 527 : 272 | « | 160 | « | 7 |
| **2466.** | 900 008 : 278 | « | 323 | « | 214 |
| **2467.** | 624 320 : 279 | « | 2 237 | « | 197 |
| **2468.** | 490 508 : 176 | « | 2 786 | « | 172 |
| **2469.** | 925 343 : 577 | « | 1 603 | « | 412 |
| **2470.** | 319 179 : 179 | « | 1 783 | « | 22 |
| **2471.** | 184 240 : 188 | « | 980 | « | 0 |
| **2472.** | 654 350 : 486 | « | 1 346 | « | 194 |
| **2473.** | 948 206 : 187 | « | 5 070 | « | 116 |
| **2474.** | 348 756 : 685 | « | 509 | « | 91 |
| **2475.** | 863 865 : 189 | « | 4 570 | « | 135 |
| **2476.** | 165 024 : 191 | « | 864 | « | 0 |
| **2477.** | 348 605 : 497 | « | 701 | « | 208 |
| **2478.** | 94 594 : 192 | « | 492 | « | 130 |
| **2479.** | 912 384 : 198 | « | 4 608 | « | 0 |
| **2480.** | 835 601 : 195 | « | 4 285 | « | 26 |
| **2481.** | 495 625 : 796 | « | 622 | « | 513 |
| **2482.** | 909 841 : 199 | « | 4 572 | « | 13 |

## Calculer le quotient jusqu'aux centièmes.

| | | | | | |
|---|---|---|---|---|---|
| **2483.** | 8 254 : 631 | **Rép.** | 13,08 | Reste | 52 |
| **2484.** | 7 643 : 843 | « | 9,06 | « | 542 |
| **2485.** | 8 954 : 957 | « | 9,35 | « | 605 |
| **2486.** | 4 595 : 695 | « | 6,61 | « | 105 |
| **2487.** | 5 225 : 718 | « | 7,27 | « | 514 |
| **2488.** | 6 375 : 692 | « | 9,21 | « | 168 |
| **2489.** | 7 835 : 815 | « | 9,61 | « | 285 |
| **2490.** | 7 415 : 792 | « | 9,36 | « | 188 |
| **2491.** | 8 921 : 451 | « | 19,78 | « | 22 |
| **2492.** | 8 144 : 464 | « | 17,55 | « | 80 |
| **2493.** | 6 626 : 842 | « | 7,86 | « | 788 |

| | | | | | |
|---|---|---|---|---|---|
| **2494.** | 6 743 : 759 | **Rép.** | 8,88 | Reste | 308 |
| **2495.** | 8 856 : 967 | « | 9,15 | « | 795 |
| **2496.** | 7 743 : 884 | « | 8,75 | « | 800 |
| **2497.** | 5 960 : 743 | « | 8,02 | « | 114 |
| **2498.** | 3 006 : 409 | « | 7,34 | « | 394 |
| **2499.** | 4 055 : 516 | « | 7,85 | « | 440 |
| **2500.** | 5 248 : 858 | « | 6,11 | « | 562 |
| **2501.** | 5 365 : 945 | « | 5,67 | « | 685 |
| **2502.** | 5 656 : 847 | « | 6,67 | « | 651 |
| **2503.** | 4 845 : 832 | « | 5,82 | « | 276 |
| **2504.** | 4 950 : 715 | « | 6,92 | « | 220 |
| **2505.** | 4 392 : 749 | « | 5,86 | « | 286 |
| **2506.** | 3 029 : 633 | « | 4,78 | « | 326 |
| **2507.** | 3 074 : 642 | « | 4,78 | « | 524 |
| **2508.** | 4 004 : 708 | « | 5,65 | « | 380 |
| **2509.** | 4 625 : 306 | « | 15,11 | « | 134 |
| **2510.** | 8 080 : 951 | « | 8,49 | « | 601 |
| **2511.** | 6 509 : 854 | « | 7,62 | « | 152 |
| **2512.** | 6 761 : 796 | « | 8,49 | « | 296 |
| **2513.** | 3 651 : 533 | « | 6,84 | « | 528 |
| **2514.** | 5 315 : 615 | « | 8,64 | « | 140 |
| **2515.** | 5 068 : 549 | « | 9,23 | « | 73 |
| **2516.** | 3 260 : 619 | « | 5,26 | « | 406 |
| **2517.** | 2 896 : 646 | « | 4,48 | « | 192 |
| **2518.** | 9 643 : 507 | « | 19,01 | « | 493 |
| **2519.** | 9 949 : 643 | « | 15,47 | « | 179 |
| **2520.** | 8 041 : 525 | « | 15,31 | « | 325 |
| **2521.** | 7 677 : 665 | « | 11,54 | « | 290 |
| **2522.** | 3 641 : 521 | « | 6,98 | « | 442 |
| **2523.** | 4 050 : 685 | « | 5,91 | « | 165 |
| **2524.** | 2 955 : 526 | « | 5,61 | « | 414 |
| **2525.** | 3 449 : 688 | « | 4,99 | « | 588 |
| **2526.** | 2 625 : 584 | « | 4,49 | « | 284 |
| **2527.** | 1 884 : 598 | « | 3,15 | « | 30 |
| **2528.** | 4 262 : 610 | « | 6,98 | « | 420 |
| **2529.** | 5 861 : 535 | « | 10,95 | « | 275 |
| **2530.** | 5 941 : 725 | « | 8,19 | « | 325 |
| **2531.** | 3 543 : 733 | « | 4,83 | « | 261 |
| **2532.** | 3 284 : 572 | « | 5,74 | « | 72 |
| **2533.** | 8 885 : 691 | « | 12,85 | « | 565 |

| | | | | | |
|---|---|---|---|---|---|
| 2534. | 8 064 : 865 | **Rép.** | 9,32 | Reste | 220 |
| 2535. | 6 305 : 511 | « | 12,33 | « | 437 |
| 2536. | 6 996 : 672 | « | 10,41 | « | 48 |
| 2537. | 3 770 : 777 | « | 4,85 | « | 155 |
| 2538. | 4 580 : 783 | « | 5,84 | « | 728 |
| 2539. | 3 068 : 691 | « | 4,43 | « | 687 |
| 2540. | 5 858 : 782 | « | 7,49 | « | 82 |
| 2541. | 2 943 : 596 | « | 4,93 | « | 472 |
| 2542. | 3 964 : 695 | « | 5,70 | « | 250 |
| 2543. | 4 554 : 524 | « | 8,69 | « | 44 |
| 2544. | 4 915 : 721 | « | 6,81 | « | 499 |
| 2545. | 8 865 : 618 | « | 14,34 | « | 288 |
| 2546. | 4 416 : 754 | « | 5,85 | « | 510 |
| 2547. | 5 635 : 638 | « | 8,83 | « | 146 |
| 2548. | 7 772 : 512 | « | 15,17 | « | 496 |
| 2549. | 7 063 : 768 | « | 9,19 | « | 508 |
| 2550. | 6 408 : 649 | « | 9,87 | « | 237 |
| 2551. | 8 998 : 919 | « | 9,79 | « | 99 |
| 2552. | 2 880 : 687 | « | 4,16 | « | 208 |
| 2553. | 6 846 : 523 | « | 13,08 | « | 516 |
| 2554. | 4 120 : 989 | « | 4,16 | « | 476 |
| 2555. | 5 743 : 528 | « | 10,87 | « | 364 |
| 2556. | 1 969 : 698 | « | 2,82 | « | 64 |
| 2557. | 7 961 : 589 | « | 13,51 | « | 361 |

| | | | | | |
|---|---|---|---|---|---|
| 2558. | 4 634,48 : 345 | **Rép.** | 13,43 | Reste | 113 |
| 2559. | 5 215,82 : 518 | « | 10,06 | « | 474 |
| 2560. | 6 315,48 : 717 | « | 8,80 | « | 588 |
| 2561. | 535,42 : 821 | « | 0,65 | « | 177 |
| 2562. | 1 774,91 : 549 | « | 3,23 | « | 164 |
| 2563. | 45 214,8 : 321 | « | 140,85 | « | 195 |
| 2564. | 1 635,484 : 15,4 | « | 106,20 | « | 4 |
| 2565. | 3 964,17 : 81,2 | « | 48,81 | « | 798 |
| 2566. | 4 935,17 : 841 | « | 5,86 | « | 691 |
| 2567. | 362,748 : 91,63 | « | 3,95 | « | 8 095 |
| 2568. | 7 217,21 : 884,1 | « | 8,16 | « | 2 954 |
| 2569. | 4 565,48 : 395 | « | 11,55 | « | 323 |
| 2570. | 3 564,8 : 39,65 | « | 89,90 | « | 2 650 |
| 2571. | 176,38 : 95 | « | 1,85 | « | 63 |
| 2572. | 5 116,25 : 18,43 | « | 2,77 | « | 1 114 |

| | | | | | |
|---|---|---|---|---|---|
| **2573.** | 5 642,41 : 32,5 | **Rép.** | 172,68 | Reste | 310 |
| **2574.** | 7 358,16 : 42,51 | « | 173,09 | « | 1 041 |
| **2575.** | 296,74 : 3,54 | « | 88,82 | « | 172 |
| **2576.** | 4 362,5 : 215 | « | 20,29 | « | 150 |
| **2577.** | 514,352 : 64,7 | « | 7,96 | « | 340 |
| **2578.** | 6 688,2 : 95,12 | « | 70,31 | « | 3 128 |
| **2579.** | 30 287 : 34,8 | « | 870,31 | « | 212 |
| **2580.** | 534,832 : 76,5 | « | 6,99 | « | 97 |
| **2581.** | 81 842 : 274,1 | « | 298,58 | « | 1 222 |
| **2582.** | 56 385,4 : 9,63 | « | 58,55 | « | 175 |
| **2583.** | 4 025,16 : 695 | « | 5,79 | « | 111 |
| **2584.** | 5 819,48 : 13,65 | « | 426,33 | « | 755 |
| **2585.** | 445,43 : 3,984 | « | 112,35 | « | 3 460 |
| **2586.** | 468,356 : 355 | « | 1,319 | « | 111 |
| **2587.** | 6 561,48 : 7,471 | « | 878,25 | « | 7 425 |
| **2588.** | 674,542 : 42,5 | « | 15,87 | « | 67 |
| **2589.** | 72 349 : 8,43 | « | 8 606,04 | « | 822 |
| **2590.** | 426,126 : 425 | « | 1,002 | « | 276 |
| **2591.** | 543,25 : 8,63 | « | 62,94 | « | 778 |
| **2592.** | 67 480 : 9,45 | « | 7 140,74 | « | 70 |
| **2593.** | 485,648 : 356 | « | 1,364 | « | 64 |
| **2594.** | 56 352 : 361 | « | 15 609,97 | « | 83 |
| **2595.** | 7 639,47 : 9,12 | « | 837,66 | « | 108 |
| **2596.** | 416,542 : 812 | « | 0,512 | « | 798 |
| **2597.** | 5 172,43 : 19,18 | « | 270,19 | « | 8 858 |
| **2598.** | 7 643,75 : 817 | « | 9,35 | « | 480 |
| **2599.** | 4 072,43 : 521 | « | 7,81 | « | 342 |
| **2600.** | 5 043,15 : 64,8 | « | 77,82 | « | 414 |
| **2601.** | 72 647 : 5,27 | « | 13 785,00 | « | 5 |
| **2602.** | 33 377,8 : 687 | « | 48,58 | « | 334 |
| **2603.** | 456,342 : 242 | « | 1,885 | « | 172 |
| **2604.** | 1 543,48 : 56,17 | « | 27,47 | « | 4 901 |
| **2605.** | 5 835,7 : 8,43 | « | 692,25 | « | 325 |
| **2606.** | 35 621 : 48,3 | « | 737,49 | « | 233 |
| **2607.** | 48 954,8 : 761 | « | 64,32 | « | 728 |
| **2608.** | 577,642 : 42,7 | « | 13,52 | « | 338 |
| **2609.** | 74 325 : 9,47 | « | 7 848,46 | « | 838 |
| **2610.** | 5 632,8 : 188,5 | « | 29,88 | « | 420 |
| **2611.** | 88 786 : 77.4 | « | 1 147,10 | « | 460 |
| **2612.** | 4 216,25 : 625 | « | 6,74 | « | 375 |

| | | | | | | |
|---|---|---|---|---|---|---|
| **2613.** | 4 264 | : | 8,423 | **Rép.** | 506,23 | Reste 2 471 |
| **2614.** | 9 635,1 | : | 4,256 | « | 2 263,88 | « 2 672 |
| **2615.** | 18 935 | : | 68,43 | « | 276,70 | « 4 190 |
| **2616.** | 5 434,85 | : | 39,39 | « | 130,35 | « 3 635 |
| **2617.** | 35 648,3 | : | 95,82 | « | 372,03 | « 3 854 |
| **2618.** | 87 945 | : | 394,2 | « | 223,09 | « 2 922 |
| **2619.** | 3 486,72 | : | 253,5 | « | 13,75 | « 1 095 |
| **2620.** | 84 306 | : | 434,1 | « | 194,20 | « 3 780 |
| **2621.** | 4 852,35 | : | 564,5 | « | 8,64 | « 990 |
| **2622.** | 948,359 | : | 24,97 | « | 37,97 | « 2 481 |
| **2623.** | 768,815 | : | 671,8 | « | 1,14 | « 2 963 |
| **2624.** | 4 915,65 | : | 68,35 | « | 71,91 | « 6 015 |
| **2625** | 5 348,72 | : | 36,34 | « | 147,18 | « 1 988 |
| **2626.** | 19 640 | : | 76,35 | « | 257,23 | « 4 895 |
| **2627.** | 164,45 | : | 8,482 | « | 20,06 | « 1 908 |
| **2628.** | 142,325 | : | 21,20 | « | 6,71 | « 730 |
| **2629.** | 56 752,8 | : | 752,4 | « | 75,45 | « 6 855 |
| **2630.** | 452,654 | : | 88,34 | « | 5,12 | « 3 532 |
| **2631.** | 9 162,06 | : | 229,5 | « | 39,92 | « 420 |
| **2632.** | 1 812,87 | : | 79,61 | « | 22,77 | « 1 503 |
| **2633.** | 196,217 | : | 4,516 | « | 43,44 | « 4 196 |
| **2634.** | 4 725,61 | : | 38,64 | « | 122,29 | « 3 244 |
| **2635.** | 8 425,7 | : | 286,3 | « | 29,42 | « 2 754 |
| **2636.** | 6 475,19 | : | 48,56 | « | 133,34 | « 1 996 |
| **2637.** | 6 742,08 | : | 63,17 | « | 106,72 | « 5 776 |
| **2638.** | 32 675,8 | : | 39,25 | « | 832,50 | « 1 750 |
| **2639.** | 18 254,8 | : | 66,65 | « | 273,89 | « 315 |
| **2640.** | 637,425 | : | 71,72 | « | 8,88 | « 5 514 |
| **2641.** | 4 534,9 | : | 81,96 | « | 55,29 | « 3 316 |
| **2642.** | 3 817,45 | : | 34,14 | « | 111,81 | « 2 566 |
| **2643.** | 352,726 | : | 63,67 | « | 5,53 | « 6 309 |
| **2644.** | 36,231 | : | 74,75 | « | 484,69 | « 4 225 |
| **2645.** | 538,42 | : | 8,175 | « | 65,82 | « 4 150 |
| **2646.** | 1 397,84 | : | 370,9 | « | 3,76 | « 3 256 |
| **2647.** | 86 874, | : | 692,5 | « | 125,44 | « 6 800 |
| **2648.** | 483,51 | : | 27,43 | « | 17,62 | « 1 934 |
| **2649.** | 326,741 | : | 49,43 | « | 6,61 | « 87 |
| **2650.** | 1 883,56 | : | 374,9 | « | 5,02 | « 1 562 |
| **2651.** | 9 648,4 | : | 45,32 | « | 212,89 | « 2 252 |
| **2652.** | 743,255 | : | 36,95 | « | 20,11 | « 1 905 |

| | | | | | | |
|---|---|---|---|---|---|---|
| **2653.** | 17 784,8 | : 58,72 | **Rép.** | 302,87 | Reste | 2 736 |
| **2654.** | 762,759 | : 191,4 | « | 3 985,15 | « | 1 290 |
| **2655.** | 9 452,71 | : 48,84 | « | 193,54 | « | 2 164 |
| **2656.** | 3 465,8 | : 58,43 | « | 59,31 | « | 3 167 |
| **2657.** | 1 564,25 | : 181,8 | « | 8,60 | « | 770 |
| **2658.** | 645,841 | : 39,18 | « | 16,48 | « | 1 546 |
| **2659.** | 8 412,65 | : 415,1 | « | 20,26 | « | 2 724 |
| **2660.** | 8 154,10 | : 17,79 | « | 458,35 | « | 535 |
| **2661.** | 8 259,62 | : 407,5 | « | 20,26 | « | 3 670 |
| **2662.** | 1 764,28 | : 188,5 | « | 9,35 | « | 1 805 |
| **2663.** | 3 265,8 | : 18,57 | « | 175,86 | « | 798 |
| **2664.** | 3 849,06 | : 29,16 | « | 131,99 | « | 2 316 |
| **2665.** | 7 786,4 | : 18,32 | « | 425,02 | « | 336 |
| **2666.** | 632,54 | : 333,5 | « | 1,89 | « | 2 225 |
| **2667.** | 653,542 | : 29,56 | « | 22,10 | « | 2 660 |
| **2668.** | 256,425 | : 196,5 | « | 1,30 | « | 975 |
| **2669.** | 448,315 | : 294,1 | « | 1,52 | « | 1 283 |
| **2670.** | 356,78 | : 28,65 | « | 12,45 | « | 875 |
| **2671.** | 1 306 | : 4,948 | « | 263,94 | « | 2 488 |
| **2672.** | 11 843 | : 5,951 | « | 1 990,08 | « | 3 392 |
| **2673.** | 363,485 | : 48,96 | « | 7,42 | « | 2 018 |
| **2674.** | 254,32 | : 31,64 | « | 8,03 | « | 2 508 |
| **2675.** | 138,651 | : 19,57 | « | 7,08 | « | 954 |
| **2676.** | 1 773,75 | : 29,51 | « | 60,10 | « | 1 990 |
| **2677.** | 368,425 | : 19,45 | « | 18,94 | « | 420 |

## § **V. Problèmes.**

**2678.** *Deux ouvriers ont gagné l'un 96 fr., l'autre 147 fr. :
quelle somme faut-il pour les payer?*

Pour les payer il faut 96 + 147.

**Rép.** 243 francs.

**2679.** *Un marchand de vin avait 2526 bouteilles, il en achète
encore 1956 : combien a-t-il de bouteilles en tout?*

Le marchand a en tout 2526 + 1956.

**Rép.** 4482 bouteilles.

**2680.** *Quelle recette a faite un marchand auquel on a donné
84 fr., puis 308 fr., et enfin 176 fr. ?*

Sa recette est de 84 + 308 + 176.

**Rép.** 568 francs.

**2681.** *Quelle somme doit-on débourser pour payer une table qui coûte 18 fr. 50 et une armoire qui vaut 47 fr. 75 ?*

On doit débourser 18,50 + 47,75.

Rép. 66 fr. 25 centimes.

**2682.** *Dans une pépinière il y a 384 pommiers, 185 cerisiers et 312 poiriers : combien y a-t-il d'arbres en tout ?*

Il y a en tout 384 + 185 + 312.

Rép. 881 arbres.

**2683.** *Un marchand avait 275 oranges, il en a vendu 189 : combien lui en reste-t-il ?*

Il lui reste 275 — 189.

Rép. 86 oranges.

**2684.** *Le poêle de la classe coûte 17 fr. 75 et les tuyaux 6 fr. 75 : combien coûte le tout ?*

Le tout coûte 17,75 + 6,75.

Rép. 24 fr. 50 centimes.

**2685.** *Un fournisseur doit livrer 950 couvertures, il en donne d'abord 275 : combien en doit-il encore ?*

Il doit encore 950 — 275.

Rép. 675 couvertures.

**2686.** *Une heure a 60 minutes : combien y a-t-il encore de minutes à s'écouler dans une heure lorsque 27 minutes sont passées ?*

Il y a encore à écouler 60 — 27.

Rép. 33 minutes.

**2687.** *Un libraire avait 20000 volumes d'un ouvrage, il ne lui en reste plus que 13940 : combien en a-t-il vendu ?*

Il en a vendu 20000 — 13940.

Rép. 6060 volumes.

**2688.** *Deux chevaux ont été vendus l'un 945 fr., l'autre 1090 fr. : quel est le prix total ?*

Le prix total est 945 + 1090.

Rép. 2035 francs.

**2689.** *Deux chevaux ont été vendus l'un 1450 fr., l'autre 975 fr. : combien le premier coûte-t-il de plus que le second ?*

Le premier coûte de plus 1450 — 975.

Rép. 475 francs.

**2690.** *Quelle somme y a-t-il dans 3 sacs, sachant que le premier renferme 985 fr., le deuxième 780 fr., et le troisième 845 fr. ?*

Il y a 985 + 780 + 845.

Rép. 2610 francs.

**2691**. *Auguste devait* 980 *fr.* 75, *il a donné* 635 *fr. : quelle somme doit-il encore ?*

Il doit encore 980,75 — 635.

    **Rép.** 345 fr. 75 centimes.

**2792**. *Louis devait* 84 *fr.* 50, *il ne doit plus que* 58 *fr.* 75 : *quelle somme a-t-il donnée ?*

Louis a donné 84,50 — 58,75.

    **Rép.** 25 fr. 75 centimes.

**2693**. *Combien a-t-on tué de pièces de gibier dans une chasse, sachant qu'on a abattu* 28 *faisans,* 84 *perdrix et* 35 *canards ?*

On a tué 28 + 84 + 35.

    **Rép.** 147 pièces.

**2694**. *Sur une table il y a trois piles de cahiers, la première en renferme* 144, *la seconde* 156 *et la troisième* 168 : *combien y a-t-il de cahiers en tout ?*

Il y a en tout 144 + 156 + 168.

    **Rép.** 468 cahiers.

**2695**. *Combien y a-t-il de litres d'huile dans* 3 *tonneaux dont l'un contient* 225 *litres, l'autre* 228, *et le troisième* 219?

Il y a 225 + 228 + 219.

    **Rép.** 672 litres.

**2696**. *Le pont de Garabit, sur la Truyère, dans le Cantal, a* 126 *mètres au-dessus de l'eau : de combien de mètres sa hauteur dépasse-t-elle celle du Panthéon, à Paris, qui est de* 79 *mètres ?*

Sa hauteur dépasse de 126 — 79.

    **Rép.** 47 mètres.

**2697**. *Dans une cave il y avait* 645 *bouteilles, on en a retiré* 372 : *combien en reste-t-il encore ?*

Il en reste 645 — 372.

    **Rép.** 273 bouteilles.

**2698**. *Dans une cave il y avait* 748 *bouteilles, on en met encore* 125, *puis* 320 : *combien y en a-t-il alors ?*

Il y a en tout 748 + 125 + 320.

    **Rép.** 1193 bouteilles.

**2699**. *Dans une cave il y avait* 12500 *bouteilles, on y en met encore* 3500; *plus tard on en retire* 8275 : *combien reste-t-il alors de bouteilles ?*

Il y a eu en cave 12500 + 3500, ou 16000 bouteilles.

Il y reste encore 16000 — 8275.

    **Rép.** 7725 bouteilles.

**2700.** *Combien y a-t-il de plumes dans 18 boîtes, si chaque boîte en contient 144 ?*

Il y a 144 $\times$ 18.

**Rép.** 2592 plumes.

**2701.** *Pour payer 648 fr., un acheteur donne un billet de 1 000 fr. : quelle somme doit-on lui rendre ?*

On doit lui rendre 1 000 — 648.

**Rép.** 352 francs.

**2702.** *Combien y a-t-il de moutons dans 3 troupeaux, sachant que le premier en contient 87, le deuxième 136, et le troisième 149 ?*

Il y a 87 + 136 + 149.

**Rép.** 372 moutons.

**2703.** *Pour payer 645 fr., un acheteur donne un billet de 500 fr. et un billet de 100 fr. : quelle somme doit-il ajouter ?*

L'acheteur a donné 500 + 100 ou 600 francs.
Il doit ajouter 645 — 600.

**Rép.** 45 francs.

**2704.** *Un tonneau peut contenir 500 litres de vin, on en a déjà mis 328 : combien peut-il encore en recevoir ?*

Il peut en recevoir 500 — 328.

**Rép.** 172 litres.

**2705.** *Quel est le poids de 3 caisses qui pèsent respectivement 316 kilog., 425 kilog., et 294 kilog. ?*

Le poids est 316 + 425 + 294.

**Rép.** 1 035 kilogrammes.

**2706.** *Dans un magasin il y a 645 sacs de blé, 418 sacs de seigle, et 297 sacs d'orge : combien y a-t-il de sacs en tout ?*

Il y a en tout 645 + 418 + 297.

**Rép.** 1 360 sacs.

**2707.** *Combien coûtent 814 mètres de toile à 1 fr. 75 le mètre ?*

Ils coûtent 814 $\times$ 1,75.

**Rép.** 1 424 fr. 50 centimes.

**2708.** *Quel est le prix d'une pièce de velours qui contient 78 mètres à raison de 8 fr. 75 le mètre ?*

Le prix est 78 $\times$ 8,75.

**Rép.** 682 fr. 50 centimes.

**2709.** *Un fabricant de sabots en a vendu d'abord 312 paires,* puis 195, *et enfin* 217 : *combien a-t-il vendu de paires en tout ?*

Il en a vendu 312 + 195 + 217.

**Rép.** 724 paires.

**2710.** *Un particulier achète une maison* 18 600 *fr., il donne en acompte* 9 775 *fr.: combien doit-il encore ?*

Il doit encore 18 600 — 9 775.

**Rép.** 8 825 francs.

**2711.** *Combien y a-t-il de semaines dans* 2 576 *jours ?*

Il y en a 2 576 : 7.

**Rép.** 368 semaines.

**2712.** *Combien 3 voitures contiennent-elles d'ardoises, si elles en ont respectivement* 1 680, 2 170 *et* 1 960 ?

Elles en ont 1 680 + 2 170 + 1 960.

**Rép.** 5 810 ardoises.

**2713.** *Un relieur a relié* 524 *volumes dans le mois de janvier,* 495 *dans le mois de février, et* 576 *dans le mois de mars : combien a-t-il relié de volumes en tout ?*

Il a relié 524 + 495 + 576.

**Rép.** 1 595 volumes.

**2714.** *Le mont Cinto, la plus haute montagne de la Corse, a* 2 707 *mètres : de combien dépasse-t-il la hauteur du Plomb du Cantal, qui est de* 1 856 *mètres ?*

Il le dépasse de 2 707 — 1 856.

**Rép.** 851 mètres.

**2715.** *Le Mont-Blanc a* 4 810 *mètres de hauteur, le Mont-Dore n'a que* 1 886 *mètres : combien le Mont-Blanc a-t-il de mètres de plus que le Mont-Dore ?*

Il a de plus 4 810 — 1 886.

**Rép.** 2 924 mètres.

**2716.** *Une maison a été vendue* 28 630 *fr. : combien coûtait-elle si l'on a gagné* 3 680 *fr. ?*

La maison coûtait 28 630 — 3 680.

**Rép.** 24 950 francs.

**2717.** *Combien coûtent* 325 *noix à raison de* 1 *fr.* 40 *le cent ?*

Elles coûtent 3,25 × 1,40.

**Rép.** 4 fr. 55 centimes.

**2718.** *Quelle est la longueur totale de 3 rues, si la première a* 1 254 *mètres, la seconde* 987, *et la troisième* 875 ?

La longueur est 1 254 + 987 + 875.

**Rép.** 3 116 mètres.

**2719.** *Un ouvrier gagne 3 fr. 75 par jour : combien aura-t-il gagné après 97 jours ?*

Il aura gagné 3,75 × 97.

**Rép.** 363 fr. 75 centimes.

**2720.** *Que doit-on payer pour 845 mesures de blé à raison de 4 fr. 75 la mesure ?*

On doit payer 845 × 4,75.

**Rép.** 4013 fr. 75 centimes.

**2721.** *Un fabricant devait fournir 10800 tuiles, il en a déjà donné 3780 : combien en doit-il encore ?*

Il en doit encore 10800 — 3780.

**Rép.** 7020 tuiles.

**2722.** *Combien d'oranges renferment 3 caisses, si la première en a 365, la seconde 472, et la troisième autant que les deux autres ?*

Les deux premières ont 365 + 472, ou 837 oranges.
Le nombre d'oranges est 837 + 837.

**Rép.** 1674 oranges.

**2723.** *Un receveur a encaissé 16325 fr. 50 et a déboursé 9857 fr. 75 : que lui reste-t-il dans sa caisse ?*

Il lui reste 16325,50 — 9857,75.

**Rép.** 6467 fr. 75 centimes.

**2724.** *Une roue fait 75 tours à la minute : combien fera-t-elle de tours en 75 minutes ?*

La roue fera 75 × 75.

**Rép.** 5625 tours.

**2725.** *Quelle somme faut-il pour payer pour 6 fr. 45 de pain, pour 12 fr. 75 de viande et pour 4 fr. 50 de vin ?*

Il faut 6,45 + 12,75 + 4,50.

**Rép.** 23 fr. 70 centimes.

**2726.** *Deux wagons contiennent l'un 9630 kilog. de charbon, l'autre 7850 kilog. : combien le premier en contient-il de plus que le second ?*

Il contient de plus 9630 — 7850.

**Rép.** 1780 kilogrammes.

**2727.** *Deux wagons sont chargés de charbon, le premier qui en contient 9940 kilog a 285 kilog. de plus que le second : quel est le poids du second ?*

Le poids du second est 9940 — 285.

**Rép.** 9655 kilogrammes.

**2728.** *Deux wagons sont chargés de charbon; le premier en* *contient 8540 kilog., et le second en a 975 kilog. de plus que le premier : quel est le poids total des deux wagons ?*

Le poids est 8540 + 8540 + 975.

**Rép.** 18035 kilogrammes.

**2729.** *Quelle est la valeur de 17 pièces de 5 fr. et de 45 pièces de 2 fr. ?*

17 pièces de 5 fr. valent 17 × 5, soit 85 francs.
45　　　　2 fr.　«　45 × 2,　«　90 francs.
Valeur totale 85 + 90.

**Rép.** 175 francs.

**2730.** *A combien se monte la recette d'un marchand qui a reçu 95 fr. 25, 25 fr. 50, 18 fr. 75, et 55 fr.?*

Elle se monte à 95,25 + 25,50 + 18,75 + 55.

**Rép.** 194 fr. 50 centimes.

**2731.** *On demande le prix de 26 chemises à raison de 4 fr. 25 la chemise.*

Le prix est de 26 × 4,25.

**Rép.** 110 fr. 50 centimes.

**2732.** *Un cultivateur a récolté 3685 gerbes : combien en a-t-il à battre s'il en a déjà battu 1978?*

Il en a à battre 3685 — 1978.

**Rép.** 1 707 gerbes.

**2733.** *Combien coûtent 19 litres de liqueur à raison de 2 fr. 75 le demi-litre ?*

Le litre vaut 2,75 × 2, soit 5 fr. 50 centimes.
Les 19 litres vaudront 19 × 5,50.

**Rép.** 104 fr. 50 centimes.

**2734.** *Combien doit-on débourser pour 3 tonneaux de vin qui coûtent l'un 86 fr. 50, l'autre 79 fr. 80, et le troisième 84 fr. 25 ?*

On doit débourser 86,50 + 79,80 + 84,25.

**Rép.** 250 fr. 55 centimes.

**2735.** *Quel est le prix d'un tonneau d'huile qui a coûté 185 fr. d'achat, 12 fr. 75 de port, et 6 fr. 95 d'entrée ?*

Le prix est 185 + 12,75 + 6,95.

**Rép.** 204 fr. 70 centimes.

**2736.** *On donne 5 fr. par jour à un ouvrier quand on ne le nourrit pas ; quand on le nourrit, on ne lui donne que 3 fr. 25 : à combien estime-t-on sa nourriture ?*

Elle est estimée 5 — 3,25.

**Rép.** 1 fr. 75 centimes.

**2737.** *Quel est le gain d'une famille pendant un mois, sa-chant que le père a gagné 148 fr. 50, la mère 54 fr. 25, et le fils aîné 48 fr. 30 ?*

Ce gain est 148,50 + 54,25 + 48,30.

**Rép.** 251 fr. 05 centimes.

**2738.** *Combien renferme de sacs un navire dont le charge-ment se compose de 348 sacs de blé, 185 d'orge, 248 de café, et 209 de cacao ?*

Le navire renferme 348 + 185 + 248 + 209.

**Rép.** 990 sacs.

**2739.** *Combien un cheval qui coûte 1285 fr. vaut-il de plus qu'un bœuf qui ne coûte que 678 fr. ?*

Il vaut de plus 1 285 — 678.

**Rép.** 607 francs.

**2740.** *Une volière avec les oiseaux qu'elle renferme vaut 80 fr. 60, la volière seule coûte 50 fr. 85 : quel est le prix des oiseaux ?*

Le prix des oiseaux est 80,60 — 50,85.

**Rép.** 29 fr. 75 centimes.

**2741.** *Le département de la Seine avait 2799329 habitants au recensement de 1881, la ville de Paris comptait à elle seule 2269021 habitants : quelle était la population du reste du dépar-tement ?*

Elle était de 2799329 — 2269021.

**Rép.** 530308 habitants.

**2742.** *Combien coûtent 48 tonneaux de harengs à raison de 21 fr. 80 le tonneau ?*

Ils coûtent 48 × 21,80.

**Rép.** 1046 fr. 40 centimes.

**2743.** *Une armée qui comptait 45600 hommes perd 4856 hommes dans un combat : combien en a-t-elle encore ?*

Elle a encore 45600 — 4856.

**Rép.** 40744 hommes.

**2744.** *La façade d'une maison a 48 croisées, chaque croisée compte 12 carreaux : quel est le nombre des carreaux de toute la façade ?*

Il y a en tout 48 × 12.

**Rép.** 576 carreaux.

**2745.** *Un mètre de velours soie vaut 21 fr. 50, un mètre de* *drap ne vaut que 12 fr. 80 : combien la soie vaut-elle de plus que le drap ?*

La soie vaut de plus 21,50 — 12,80.

**Rép.** 8 fr. 70 centimes.

**2746.** *Quel est le prix de 18654 fusils de guerre à 19 fr. 75 le fusil ?*

Ce prix est 18654 × 19,75.

**Rép.** 368416 fr. 50 centimes.

**2747.** *Quel est le nombre de lignes contenues dans un livre de 284 pages, si chaque page a 38 lignes ?*

Le nombre de lignes est 284 × 38.

**Rép.** 10792 lignes.

**2748.** *Lorsqu'un mètre de tuyau de plomb coûte 1 fr. 45 et pèse 3 kilogrammes : quel est le prix et le poids d'un tuyau qui a 1428 mètres ?*

Le prix est de 1428 × 1,45.

**Rép.** 2070 fr. 60 centimes.

Et le poids de 1428 × 3.

**Rép.** 4284 kilogrammes.

**2749.** *La Loire a 1040 kilomètres de longueur; quand elle reçoit l'Allier elle a déjà parcouru 435 kilomètres : que lui reste-t-il alors à parcourir ?*

Elle a à parcourir 1040 — 435.

**Rép.** 605 kilomètres.

**2750.** *Au 15 juin 1884 il y avait en France 30267 kilomètres de chemins de fer en exploitation : combien y en avait-il au 1er janvier de la même année, sachant que de cette date au 15 juin on en a ouvert 780 kilomètres ?*

Il y avait 30267 — 780.

**Rép.** 29487 kilomètres.

**2751.** *Dans une famille le père gagne 4 fr. 75 par jour, et deux enfants chacun 2 fr. 25 : quel est le gain journalier ?*

Le gain est 4,75 + 2,25 + 2,25.

**Rép.** 9 fr. 25 centimes.

**2752.** *La plus haute montagne d'Auvergne, le pic de Sancy, a 1886 mètres et dépasse de 421 mètres le Puy-de-Dôme : quelle est la hauteur de cette dernière montagne ?*

La hauteur du Puy-de-Dôme est 1886 — 421.

**Rép.** 1465 mètres.

**2753.** *Un ouvrier a gagné dans un mois 176 fr. 50, on ne*

*lui a donné que 128 fr. 75 : quelle somme lui doit-on en-*
*core ?*

On lui doit encore 176,50 — 128,75.

**Rép.** 47 fr. 75 centimes.

**2754.** *Quel est le poids de 4 wagons de houille, s'ils en*
*contiennent respectivement 3140 kilog., 4540 kilog., 3850 kilog.,*
*et 4185 kilog. ?*

Il est de 3140 + 4540 + 3850 + 4185.

**Rép.** 15745 kilogrammes.

**2755.** *De Paris à Nice il y a 1088 kilomètres par le chemin*
*de fer: un train a déjà parcouru 695 kilomètres : quel chemin*
*a-t-il encore à faire ?*

Il a encore à faire 1088 — 695.

**Rép.** 393 kilomètres.

**2756.** *Combien y a-t-il de kilomètres de Paris à Toulouse*
*par le chemin de fer, sachant que de Paris à Orléans on compte*
*121 kilomètres, d'Orléans à Limoges 279, de Limoges à Figeac*
*192, et de Figeac à Toulouse 159 ?*

Il y a 121 + 279 + 192 + 159.

**Rép.** 751 kilomètres.

**2757.** *Quelle somme faut-il pour payer une veste de 18 fr. 50,*
*un pantalon de 15 fr., un gilet de 8 fr. 90, et une cravate de*
*1 fr. 50 ?*

Il faut 18,50 + 15 + 8,90 + 1,50.

**Rép.** 43 fr. 90 centimes.

**2758.** *Combien coûtent 3 wagons de blé renfermant chacun*
*74 sacs à 21 fr. 75 le sac ?*

Nombre de sacs 74 × 3, soit 222 sacs.

Prix des sacs 222 × 21,75.

**Rép.** 4828 fr. 50 centimes.

**2759.** *Un enfant avait 12 fr. 75; il reçoit successivement*
*5 fr. 25, 3 fr. 90, et 4 fr. 45 : combien a-t-il en tout ?*

Il a en tout 12,75 + 5,25 + 3,90 + 4,45.

**Rép.** 26 fr. 35 centimes.

**2760.** *Le tunnel du Saint-Gothard, entre la Suisse et l'Italie,*
*a 14920 mètres de longueur; celui du mont Cenis, entre la*
*France et l'Italie, a 12333 mètres : de combien de mètres le pre-*
*mier surpasse-t-il le second ?*

Il le surpasse de 14920 — 12333.

**Rép.** 2587 mètres.

**2761.** *Un bœuf coûte 560 fr., une vache 380 fr. 60, un veau 48 fr. 95, et un mouton 25 fr. 50 : quel est le prix total?*

Le prix est $560 + 380,60 + 48,95 + 25,50$.

**Rép.** 1015 fr. 05 centimes.

**2762.** *Lorsqu'un volume coûte 2 fr. 75, combien coûtent 75 volumes?*

Ils coûtent $75 \times 2,75$.

**Rép.** 206 fr. 25 centimes.

**2763.** *Combien y a-t-il d'hommes dans un régiment de 4 bataillons, si le premier en compte 945, le second 895, le troisième 980, et le quatrième 915?*

Il y a $945 + 895 + 980 + 915$.

**Rép.** 3735 hommes.

**2764.** *Quelle somme a-t-il fallu à une ménagère qui a dépensé d'abord 8 fr. 40, puis 6 fr. 35, puis 5 fr. 25, puis 3 fr. 20, et enfin 4 fr. 75?*

Il a fallu $8,40 + 6,35 + 5,25 + 3,20 + 4,75$.

**Rép.** 27 fr. 95 centimes.

**2765.** *Un négociant avait acheté 3520 kilogrammes de café : combien lui en a-t-on livré, s'il n'en attend plus que deux voitures renfermant chacune 625 kilogrammes?*

Les deux voitures contiennent $625 \times 2$, ou 1250 kilogrammes. On lui en a livré $3520 - 1250$.

**Rép.** 2270 kilogrammes.

**2766.** *Une fontaine donne par jour 5625 litres d'eau : dire combien donne dans le même temps une fontaine qui débite 1958 litres de moins que la première.*

Elle en donne $5625 - 1958$.

**Rép.** 3667 litres.

**2767.** *Dans une famille on a gagné le lundi 6 fr. 25, le mardi 5 fr. 75, le mercredi 5 fr. 75, le jeudi 6 fr., le vendredi 6 fr. 25, et le samedi 5 fr. 45 : quel est le gain de la semaine?*

Le gain de la semaine a été de

$$6,25 + 5,75 + 5,75 + 6 + 6,25 + 5,45.$$

**Rép.** 35 fr. 45 centimes.

**2768.** *Combien doit-on payer pour 348 kilog. de viande à raison de 1 fr. 65 le kilog.?*

On doit payer $1,65 \times 348$.

**Rép.** 574 fr. 20 centimes.

**2769.** *Quelle est la dépense totale d'une famille qui a dépensé le dimanche 6 fr. 80, le lundi 4 fr. 25, le mardi 4 fr. 50, le mer-*

credi 4 *fr.* 75, *le jeudi* 4 *fr., le vendredi* 5 *fr.* 10, *et le samedi*
4 *fr.* 15 ?

La dépense est $6,80 + 4,25 + 4,50 + 4,75 + 4 + 5,10 + 4,15$.

**Rép.** 33 fr. 55 centimes.

**2770.** *En* 1881 *le département du Finistère complait* 681 664 *habitants; en* 1876 *il n'en avait que* 666 106 : *de combien d'habitants a-t-il augmenté en* 5 *ans ?*

Il a augmenté de $681 664 — 666 106$.

**Rép.** 15558 habitants.

**2771.** *Quelle somme faut-il pour payer* 3 *ouvriers, sachant que le premier doit recevoir* 95 *fr., le second* 18 *fr. de plus que le premier, et le troisième* 14 *fr. de plus que le second ?*

Le 2ᵉ aura   $95 + 18$, soit 113 francs.
Le 3ᵉ   «   $113 + 14$,  «   127 francs.
Il faudra $95 + 113 + 127$.

**Rép.** 335 francs.

**2772.** *Combien coûte* 1 *mètre de drap, sachant qu'on en a eu* 24 *mètres pour* 384 *fr. ?*

Le mètre coûte $384 : 24$.

**Rép.** 16 francs.

**2773.** *Quel est le montant total de* 3 *billets, sachant que le premier est de* 940 *fr.* 50, *le second de* 150 *fr.* 45 *de plus que le premier, et le troisième de* 95 *fr.* 25 *de plus que le second ?*

Le 2ᵉ billet est de   $940,50 + 150,45$, ou 1 090 fr. 95 centimes.
Le 3ᵉ      «      $1 090,95 + 95,25$, ou 1 186 fr. 20 centimes.
Le total est $940,50 + 1 090,95 + 1 186,20$.

**Rép.** 3217 fr. 65 centimes.

**2774.** *Combien aura-t-on de mètres de velours pour* 144 *fr.* 50, *si le mètre coûte* 8 *fr.* 50 ?

On en aura $144,50 : 8,50$.

**Rép.** 17 mètres.

**2775.** *Une famille dépense* 3 *fr.* 50 *par jour : combien lui faudra-t-il de jours pour dépenser* 147 *fr. ?*

Il lui faudra $147 : 3,50$.

**Rép.** 42 jours.

**2776.** *Paul a* 144 *fr., Pierre en a* 28 *de moins que lui : quelle est la somme totale qu'ont ces deux personnes ?*

Pierre a $144 — 28$, soit 116 francs.
La somme totale est $144 + 116$.

**Rép.** 260 francs.

**2777.** *Henri a* 14 *fr., Louis a* 5 *fr. de plus que lui, et Au-*

guste a 9 *fr.* de plus que Louis : *quelle est la somme totale qu'ont ces 3 personnes ?*

Louis a    14 + 5, soit 19 francs.
Auguste a 19 + 9, soit 28 francs.
Somme totale 14 + 19 + 28.

**Rép.** 61 francs.

**2778.** *Quelle somme doit-on rendre à un enfant qui donne 5 fr. pour payer deux livres, l'un de 2 fr. 75, l'autre de 1 fr. 50 ?*

Prix des livres 2,75 + 1,50, ou 4 fr. 25 centimes.
On doit rendre 5 — 4,25.

**Rép.** 0 fr. 75 centimes.

**2779.** *Un fournisseur devait livrer 1 800 kilog. de sel, il en a livré d'abord 538 kilog., puis 690 kilog. : combien doit-il encore en livrer ?*

Livraisons faites 538 + 690, ou 1 228 kilogrammes.
On doit encore livrer 1 800 — 1 228.

**Rép.** 572 kilogrammes.

**2780.** *Un relieur prend 38 centimes pour relier un volume : combien aura-t-il relié de volumes s'il reçoit 55 fr. 10 ?*

Il aura relié 55,10 : 0,38.

**Rép.** 145 volumes.

**2781.** *Joseph a 165 fr., Gilbert a trois fois plus d'argent que lui : combien ont-ils en tout ?*

Gilbert a 165 × 3, soit 495 francs.
Ils ont en tout 165 + 495.

**Rép.** 660 francs.

**2782.** *Quel est le prix de 1 385 oranges à raison de 0 fr. 12 l'orange ?*

Le prix est de 0,12 × 1 385.

**Rép.** 166 fr. 20 centimes.

**2783.** *Ernest donne une pièce de 20 fr. pour payer un pantalon de 12 fr. 75 et un gilet de 5 fr. 45 : quelle somme doit-on lui rendre ?*

Ernest doit payer 12,75 + 5,45, ou 18 fr. 20 centimes.
On doit lui rendre 20 — 18,20.

**Rép.** 1 fr. 80 centimes.

**2784.** *Dans une famille on gagne 8 fr. 45 par jour : combien gagne-t-on dans une année qui compte 308 jours de travail ?*

On gagne 8,45 × 308.

**Rép.** 2602 fr. 60 centimes.

**2785.** *Dans une famille on dépense 4 fr. 75 par jour : quelle est la dépense d'une année de 365 jours ?*

La dépense est 4,75 × 365.

**Rép.** 1 733 fr. 75 centimes.

**2786.** *Combien fera-t-on de douzaines de pointes avec 87 kilog. de fil de fer, sachant qu'un kilog. permet de faire 228 pointes ?*

Nombre de pointes 228 × 87, soit 19 836.
Nombre de douzaines 19 836 : 12.

**Rép.** 1 653 douzaines.

**2787.** *En 1881 Paris avait 2 269 021 habitants; en 1876 il n'en avait que 1 988 806 : quelle a été la moyenne de l'augmentation de la population par année ?*

Augmentation pour 5 ans 2 269 021 — 1 988 806, ou 280 215.
Augmentation moyenne 280 215 : 5.

**Rép.** 56 043 habitants.

**2788.** *Quel est le prix d'une armoire, sachant qu'on a donné au menuisier 125 fr. 50, aux ouvriers qui l'ont apportée 2 fr. 60, et à celui qui l'a mise en place 3 fr. 25 ?*

Le prix est de 125,50 + 2,60 + 3,25.

**Rép.** 131 fr. 35 centimes.

**2789.** *Une usine a brûlé 15 638 mètres cubes de gaz dans un an ; à combien lui revient ce mode d'éclairage si le mètre cube coûte 27 centimes ?*

Il revient à 15 638 × 0,27.

**Rép.** 4 222 fr. 26 centimes.

**2790.** *Quelle somme doit recevoir un particulier qui a fourni pour l'armée 3 950 paires de souliers à raison de 9 fr. 65 la paire ?*

Il doit recevoir 3 950 × 9,65.

**Rép.** 38 117 fr. 50 centimes.

**2791.** *Une maman a payé pour du pain 1 fr. 75, pour de la viande 2 fr. 50, pour de l'huile 2 fr. 25, et pour du sucre 3 fr. 15 : quelle est sa dépense totale ?*

La dépense est de 1,75 + 2,50 + 2,25 + 3,15.

**Rép.** 9 fr. 65 centimes.

**2792.** *En 1881 la population de France était de 37 672 048 habitants ; elle avait alors 766 260 habitants de plus qu'en 1876 : quelle était la population de la France à cette dernière date ?*

Elle était de 37 672 048 — 766 260.

**Rép.** 36 905 788 habitants.

**2793.** *Combien faudra-t-il de jours à une famille pour*

*dépenser* 1 291 *fr.* 50 , *si elle dépense* 13 *fr.* 50 *tous les trois jours ?*

Dépense journalière 13,5 : 3, ou 4 fr. 50.
Il faudra 1 291,5 : 4,50.
**Rép.** 287 jours.

**2794.** *Combien doit-on donner à un boulanger qui a fourni à la troupe* 3 420 *rations de pain à raison de* 53 *centimes les deux rations ?*

Nombre de doubles rations 3 420 : 2, soit 1 710.
On doit donner 1 710 $\times$ 0,53.
**Rép.** 906 fr. 30 centimes.

**2795.** *Une ménagère achète pour 4 fr. 25 de beurre, pour 2 fr. 55 de fromage et pour 3 fr. 15 d'œufs : combien lui reste-t-il d'argent si elle avait 12 fr. ?*

Dépense 4,25 + 2,55 + 3,15, ou 9 fr. 95.
Il lui reste 12 — 9,95.
**Rép.** 2 fr. 05 centimes.

**2796.** *Que doit-on payer pour 25 630 rails de chemin de fer, si chaque rail coûte 39 fr. 45 ?*

On doit payer 25 630 $\times$ 39, 45.
**Rép.** 1 011 103 fr. 50 centimes.

**2797.** *Un négociant qui avait 180 fr. vend 35 mètres de drap à raison de 15 fr. le mètre : quelle somme a-t-il alors ?*

Prix du drap 35 $\times$ 15, soit 525 fr.
Le négociant a 180 + 525.
**Rép.** 705 francs.

**2798.** *Combien y a-t-il de feuilles de papier dans 58 rames, contenant chacune 20 mains, si chaque main renferme 25 feuilles ?*

Nombre de mains 58 $\times$ 20, soit 1 160.
«      de feuilles 1 160 $\times$ 25.
**Rép.** 29 000 feuilles.

**2799.** *Lorsque 13 veaux coûtent 624 fr., quel est le prix d'un veau ?*

Le prix d'un veau est 624 : 13.
**Rép.** 48 francs.

**2800.** *Combien coûteront 456 oranges à raison de 1 fr. 15 la douzaine ?*

Nombre de douzaines 456 : 12, soit 38.
Prix des oranges 38 $\times$ 1,15.
**Rép.** 43 fr. 70 centimes.

**2801.** *Un débiteur devait 4 500 fr. Il donne en payement un* billet de 1 000 fr., 3 billets de 500 fr. et 82 pièces de 20 fr. : quelle somme doit-il encore ?

Argent donné 1 000 + 1 500 + 1 640, soit 4 140 fr.
On doit encore 4 500 — 4 140.

**Rép.** 360 francs.

**2802.** *Un jardinier fleuriste achète 15 camélias au prix moyen de 35 fr. ; pour les payer il donne un billet de 500 fr. : quelle somme en argent doit-il encore ajouter ?*

Prix des camélias 35 × 15, soit 525 fr.
On doit ajouter 525 — 500 fr.

**Rép.** 25 francs.

**2803.** *Combien doit-on payer pour 35 dîners à 3 fr. 75 l'un, et 28 déjeuners à 1 fr. 25 ?*

Prix des dîners  35 × 3,75, ou 131 fr. 25.
«          déjeuners 28 × 1,25, ou 35 fr.
Prix total 131,25 + 35.

**Rép.** 166 fr. 25 centimes.

**2804.** *Combien coûtent 12 chandeliers en cuivre et 9 en porcelaine, si les premiers valent 2 fr. 45 la pièce, et les seconds 0 fr. 85 ?*

Prix des premiers 12 × 2,45, soit 29 fr. 40.
«        seconds 9 × 0,85, soit 7,65.
Prix total 29,40 + 7,65.

**Rép.** 37 fr. 05 centimes.

**2805.** *Combien coûtent, pris à la mine, 35 000 kilogrammes de houille à raison de 18 fr. 50 la tonne (1 000 kilog.) ?*

Nombre de tonnes 35.
Prix du charbon 35 × 18,50.

**Rép.** 647 fr. 50 centimes.

**2806.** *Quel est le prix total de deux pièces de porcaline verte, la première ayant 48 mètres 50 de long et la seconde 39 mètres 50, à raison de 0 fr. 45 le mètre ?*

Longueur totale 48,50 + 39,50, soit 88 mètres.
Prix 88 × 0,45.

**Rép.** 39 fr. 60 centimes.

**2807.** *Une compagnie achète un terrain 648 000 fr. ; elle en fait 12 lots, qu'elle vend chacun 65 000 fr. : quel bénéfice a-t-elle réalisé ?*

Prix des 12 lots 65 000 × 12, ou 780 000 fr.
Bénéfice réalisé 780 000 — 648 000.

**Rép.** 132 000 francs.

**2808.** *Quel est le prix d'une maison neuve, sachant que le*

3*

*terrain coûte 13 000 fr., qu'on a payé au maçon 18 300 fr., au charpentier 5 630 fr., au plâtrier 2 850 fr., au couvreur 1 840 fr., et à divers autres fournisseurs 1 675 fr. ?*

Prix total 13 000 + 18 300 + 5 630 + 2 850 + 1 840 + 1 675.

**Rép.** 43 295 francs.

**2809.** *Les rails de chemin de fer coûtent 4 fr. le mètre : quelle longueur de chemin à double voie (quatre rangées de rails) a-t-on pu construire avec une fourniture de rails estimée 10 000 000 de fr.?*

Nombre de mètres de rails 10 000 000 : 4, soit 2 500 000.

Nombre de mètres de chemin 2 500 000 : 4.

**Rép.** 625 000 mètres.

**2810.** *Combien doit-on payer pour trois douzaines de serrures à raison de 5 fr. 75 la serrure, et 2 douzaines de cadenas du prix de 0 fr. 65 l'un?*

Prix des serrures 36 × 5,75, soit 207 fr.
   «      cadenas 24 × 0,65,  «    15,60.
Prix du tout 207 + 15,60.

**Rép.** 222 fr. 60 centimes.

**2811.** *Que doit-on payer pour 2 520 bottes de foin à raison de 1 fr. 30 les cinq?*

Prix d'une botte 1,30 : 5, soit 0,26.
Prix du tout 2 520 × 0,26.

**Rép.** 655 fr. 20 centimes.

**2812.** *Combien coûteront 13 800 ardoises à raison de 5 fr. 80 le cent?*

Nombre de centaines d'ardoises 138.
Prix des ardoises 138 × 5,8.

**Rép.** 800 fr. 40 centimes.

**2813.** *Quel est le prix de 48 mètres de velours à raison de 41 fr. les 3 mètres?*

Dans 48 mètres il y a 16 fois 3 mètres.
Prix total 41 × 16.

**Rép.** 656 francs.

**2814.** *Combien coûteront 342 peaux de mouton à raison de 18 fr. 75 les 5 peaux ?*

Prix d'une peau 18,75 : 5, soit 3 fr. 75.
Prix total 342 × 3,75.

**Rép.** 1 282 fr. 50 centimes.

**2815.** *Quelle est la contenance totale de deux tonneaux, sa-*

chant que le premier contient 500 litres et que le second ne contient que la moitié du premier ?

Contenance totale 500 + 250.

**Rép.** 750 litres.

**2816.** *Quel est le prix de 108 casquettes à raison de 16 fr. la douzaine ?*

Nombre de douzaines  108 : 12, ou 9.
Prix des casquettes 16 × 9.

**Rép.** 144 francs.

**2817.** *Quel est le prix d'un chapeau, si 35 chapeaux coûtent 297 fr. 50 ?*

Prix d'un chapeau 297,50 : 35.

**Rép.** 8 fr. 50 centimes.

**2818.** *Une maison vaut 10 500 fr., une autre maison vaut le tiers du prix de la première et encore 400 fr. : quel est le prix de la seconde maison ?*

Le tiers de 10 500 est 10 500 : 3, ou 3 500.
Prix de la deuxième maison 3 500 + 400.

**Rép.** 3 900 francs.

**2819.** *Combien devra-t-on payer pour 17 rouleaux de papier peint à 0 fr. 85 et 24 rouleaux à 0 fr. 75 ?*

Prix des premiers rouleaux 17 × 0,85, soit 14 fr. 45.
    «       seconds 24 × 0,75, soit 18 fr.
Prix total 14,45 + 18.

**Rép.** 32 fr. 45 centimes.

**2820.** *Une manufacture devait fournir 25 000 cartouches ; elle en a livré 7 caisses qui en renferment chacune 1 050 : combien doit-elle encore en livrer ?*

Cartouches livrées 1 050 × 7, soit 7 350.
Reste à livrer 25 000 — 7 350.

**Rép.** 17 650 cartouches.

**2821.** *Lyon comptait 376 613 habitants en 1881, Marseille avait alors 16 514 habitants de moins que Lyon, et Bordeaux comptait 138 794 habitants de moins que Marseille : calculer la population de ces deux villes ?*

Marseille a 376 613 — 16 514.

**Rép.** 360 099 habitants.

Bordeaux a 360 099 — 138 794.

**Rép.** 221 305 habitants.

**2822.** *Quel est le prix de 875 abricots à raison de 0 fr. 65 les 25 ?*

Prix d'un abricot 0,65 : 25, soit 0, 026.
Prix des abricots 875 × 0,026.

**Rép.** 22 fr. 75 centimes.

**2823.** *Trois ouvriers gagnent, le premier 5 fr. par jour, le deuxième 4 fr. 50 et le troisième 3 fr. 75 : quelle somme faut-il pour leur payer 6 jours de travail ?*

Prix d'une journée 5 + 4,50 + 3,75, soit 13 fr. 25.
Prix des 6 journées 13,25 × 6.

**Rép.** 79 fr. 50 centimes.

**2824.** *Combien aura-t-on de maquereaux pour 5 fr. 60, quand trois de ces poissons coûtent 40 centimes ?*

5 fr. 60 contiennent 14 fois 40 centimes.
On aura donc 14 × 3.

**Rép.** 42 poissons.

**2825.** *Quelle est la somme de 4 nombres, sachant que le premier est 848, que le second surpasse le premier de 18, que le troisième surpasse le second de 28, et que le quatrième surpasse le troisième de 38 ?*

Le second nombre est   848 + 18, soit 866.
Le troisième    «    866 + 28,   «   894.
Le quatrième    «    894 + 38,   «   932.
La somme est 848 + 866 + 894 + 932.

**Rép.** 3 540.

**2826.** *Quelle a été la dépense d'une famille pendant un mois, en épicerie, si le mémoire se composait de 3 fr. 45 de café, de 6 fr. 35 d'huile, de 8 fr. 40 de chocolat, de 1 fr. 85 de sel, de 0 fr. 55 de poivre, de 1 fr. 25 de vinaigre, et de 7 fr. 80 de sucre ?*

La dépense est de 3,45 + 6,35 + 8,40 + 1,85 + 0,55 + 1,25 + 7,80.

**Rép.** 29 fr. 65 centimes.

**2827.** *Une pièce de toile avait 20 mètres, on en a pris pour faire 5 chemises : combien reste-t-il encore de la pièce, s'il a fallu 3 mètres 50 pour faire une chemise ?*

Pour 5 chemises il a fallu 3,50 × 5, ou 17 mètres 5.
Il reste encore 20 — 17,5.

**Rép.** 2 mètres 50 centimètres.

**2828.** *Une pièce d'étoffe avait 80 mètres, on en a fait 39 pantalons, et il reste encore 11 mètres 75 : combien a-t-il fallu d'étoffe pour chaque pantalon ?*

Les pantalons ont exigé 80 — 11,75, ou 68 mètres 25.
Pour un pantalon il a fallu 68,25 : 39.

**Rép.** 1 mètre 75 centimètres.

**2829.** *Jules reçoit 1 fr. 50 pour acheter des timbres-poste; il demande 8 timbres de 15 centimes, et avec l'argent qui reste, il prend des timbres de 10 centimes : combien aura-t-il de ces derniers ?*

Prix des timbres de 0,15,  0,15 × 8, ou 1 fr. 20.
Reste de l'argent 1,50 — 1,20, ou 0 fr. 30.
Nombre de timbres de 0,10  0,30 : 0,10.

**Rép.** 3 timbres.

**2830.** *Un tonneau contient 840 litres, on en tire 24 litres chaque semaine : dans combien de jours le tonneau sera-t-il vide ?*

Nombre de semaines 840 : 24, soit 35.
        «         jours 35 × 7.

**Rép.** 245 jours.

**2831.** *On a déboursé 6 fr. pour 3 pains de 5 kilog.; on demande le prix d'un pain et le prix d'un kilog.*

Prix d'un pain 6 : 3.

**Rép.** 2 francs.

Prix d'un kilog. 2 : 5.

**Rép.** 0 fr. 40 centimes.

**2832.** *Quelle somme doit-on donner pour payer 1 kilog. de pain qui vaut 40 centimes et 3 kilog. de viande qui valent chacun 4 fois autant que le pain ?*

Prix d'un kilog. de viande 0,4 × 4, soit 1 fr. 60.
Prix des 3 kilog. de viande 1,60 × 3, ou 4 fr. 80.
Prix du tout 0,40 + 4,80.

**Rép.** 5 fr. 20 centimes.

**2833.** *Quel est le montant de 4 billets, sachant que le premier est de 825 fr., que le second vaut 48 fr. de moins, que le troisième vaut 54 fr. de moins que le second, et que le quatrième vaut 65 fr. de moins que le troisième ?*

Le 2ᵉ billet est de  825 — 48, ou 777 fr.
Le 3ᵉ       «       777 — 54, « 723 «
Le 4ᵉ       «       723 — 65, « 658 «
Total 825 + 777 + 723 + 658.

**Rép.** 2 983 francs.

**2834.** *Combien aura-t-on de sacs de blé pour 8 346 fr., si un sac coûte 26 fr.?*

On aura 8 346 : 26.

**Rép.** 321 sacs.

**2835.** *Si un parapluie coûte 14 fr., combien aura-t-on de parapluies pour 322 fr. ?*

On en aura 322 : 14.

**Rép.** 23 parapluies.

**2836.** *Que reste-t-il d'un billet de* 100 *fr. après qu'on a payé un lit qui coûte* 42 *fr.* 50 *et* 3 *couvertures qui valent* 9 *fr.* 45 *la pièce ?*

Prix des couvertures 9,45 × 3, ou 28 fr. 35.
Prix du tout 42,50 + 28,35, soit 70 fr. 85.
Il reste donc 100 − 70,85.

**Rép.** 29 fr. 15 centimes.

**2837.** *Un fauteuil coûte* 23 *fr., combien aura-t-on de fauteuils pour* 391 *fr. ?*

On en aura 391 : 23.

**Rép.** 17 fauteuils.

**2838.** *Le jour a* 24 *heures et la semaine a* 7 *jours : combien y a-t-il de semaines dans* 8 064 *heures ?*

Dans 8 064 heures il y a 8 064 : 24, ou 336 jours.
Dans 336 jours il y a 336 : 7.

**Rép.** 48 semaines.

**2839.** *Un apprenti gagne* 6 *fr.* 50 *par semaine : dans combien de jours aura-t-il gagné* 500 *fr.* 50 ?

Nombre de semaines 500,5 : 6,50, ou 77.
Nombre de jours 77 × 7.

**Rép.** 539 jours.

**2840.** *Quel est le prix du mètre de calicot, sachant que pour* 266 *fr.* 80 *on en a eu* 184 *mètres ?*

Le prix est de 266,8 : 184.

**Rép.** 1 fr. 45 centimes.

**2841.** *La pose des fils pour télégraphe revient à* 985 *fr. le kilomètre : quelle sera la dépense pour la pose de* 375 *kilomètres de fils ?*

La dépense sera 985 × 375.

**Rép.** 369 375 francs.

**2842.** *Combien aura-t-on de mètres de toile pour* 66 *fr.* 50, *si* 8 *mètres coûtent* 14 *fr. ?*

Prix d'un mètre 14 : 8, ou 1 fr. 75.
On aura donc 66,50 : 1,75.

**Rép.** 38 mètres.

**2843.** *Quelle somme a reçu un coutelier qui a vendu* 7 *rasoirs à* 2 *fr.* 25 *la pièce, et* 12 *couteaux à* 1 *fr.* 45 *l'un ?*

Prix des rasoirs 2,25 × 7, soit 15 fr. 75.
   «    couteaux 12 × 1,45  «  17  «  40.
Somme reçue 15,75 + 17,40.

**Rép.** 33 fr. 15 centimes.

**2844.** *Il faut 18 aiguilles pour faire un paquet : combien 2 808 aiguilles feront-elles de douzaines de paquets ?*

Nombre de  paquets  2 808 : 18, soit 156.
      «         douzaines  156 : 12.

**Rép.** 13 douzaines.

**2845.** *Un enfant a 15 ans, son frère aîné 2 ans de plus, et sa sœur a 3 ans de moins : quelle est la somme des trois âges ?*

Age de l'aîné  15 + 2, ou 17 ans.
Age de la sœur 15 — 3,  «  12   «
Somme des âges 15 + 17 + 12.

**Rép.** 44 ans.

**2846.** *Quel est le prix total de 3 meubles, sachant que le premier coûte 18 fr., que le second coûte 8 fr. de plus, et que le troisième coûte autant que les deux autres ?*

Prix du second  18 + 8, ou 26 fr.
  «      troisième 18 + 26, ou 44 fr.
Prix des trois 18 + 26 + 44.

**Rép.** 88 francs.

**2847.** *Lorsque 75 douzaines de harengs coûtent 36 fr., quel est le prix d'un hareng ?*

Prix de la douzaine 36 : 75, ou 0 fr. 48.
Prix d'un hareng 0,48 : 12.

**Rép.** 0 fr. 04 centimes.

**2848.** *S'il faut 5 gerbes pour donner 3 litres de blé, combien 145 gerbes donneront-elles de litres ?*

Nombre de fois 5 gerbes 145 : 5, soit 29.
Nombre de litres 29 × 3.

**Rép.** 87 litres.

**2849.** *S'il faut 5 gerbes pour donner 3 litres de blé, combien a-t-il fallu de gerbes pour donner 81 litres ?*

Nombre de fois 3 litres   81 : 3, soit 27.
Nombre de gerbes 27 × 3.

**Rép.** 135 gerbes.

**2850.** *Une cage coûte 9 fr. 40, le serin qu'elle renferme vaut la moitié moins : quel est le prix du tout ?*

Prix du serin 9,40 : 2, ou 4 fr. 70.
Prix du tout 9,40 + 4,70.

**Rép.** 14 fr. 10 centimes.

**2851.** *Une cage coûte 5 fr. 45, le perroquet qu'elle renferme vaut deux fois autant : quel est le prix du tout ?*

Prix du perroquet 5,45 × 2, ou 10 fr. 90.
Prix du tout 5,45 + 10,90.

**Rép.** 16 fr. 35 centimes.

**2852.** *Combien coûtent 8 couvertures de laine à 7 fr. 80 et 6 couvertures de coton à 3 fr. 50 ?*

Prix des premières $8 \times 7{,}80$, ou 62 fr. 40.
«  secondes  $6 \times 3{,}50$,  « 21 «
Prix total $62{,}40 + 21$.

**Rép.** 83 fr. 40 centimes.

**2853.** *S'il faut 56 caisses pour contenir 17 472 oranges, combien chaque caisse contient-elle de douzaines d'oranges ?*

Une caisse contient $17\,472 : 56$; soit 312 oranges.
Nombre de douzaines $312 : 12$.

**Rép.** 26 douzaines.

**2854.** *Combien pourra-t-on faire de chemises avec 616 mètres de toile s'il faut 8 mètres pour faire 3 chemises ?*

Nombre de fois 8 mètres  $616 : 8$, soit 77.
Nombre de chemises $77 \times 3$.

**Rép.** 231 chemises.

**2855.** *Combien aura-t-on de mètres de drap pour 765 fr., si 2 mètres de drap coûtent 15 fr. ?*

Prix d'un mètre $15 : 2$, soit 7 fr. 50.
On aura donc $765 : 7{,}50$.

**Rép.** 102 mètres.

**2856.** *Un noyer a été abattu, le tronc vaut 45 fr. 60, les grosses branches 25 fr. 80, et le menu bois 8 fr. 50 : quel est le prix de l'arbre ?*

Le prix est $45{,}60 + 25{,}80 + 8{,}50$.

**Rép.** 79 fr. 90 centimes.

**2857.** *Un tonneau de vin de 225 litres a coûté 85 fr. d'achat et 23 fr. de port : quel est le prix du litre ?*

Prix du tonneau $85 + 23$, soit 108.
Prix du litre $108 : 225$.

**Rép.** 0 fr. 48 centimes.

**2858.** *Combien faut-il de boîtes pour contenir 50 400 plumes, si chaque boîte en renferme 12 douzaines ?*

12 douzaines font $12 \times 12$ ou 144.
Il faudra $50\,400 : 144$.

**Rép.** 350 boîtes.

**2859.** *Combien coûtent 24 doubles-stères de bois à raison de 33 fr. les 3 stères ?*

24 doubles-stères font 48 stères.
Prix d'un stère $33 : 3$, soit 11 fr.
Prix de tout le bois $48 \times 11$.

**Rép.** 528 francs.

**2860**. *Un tonneau d'huile de 250 litres a coûté 440 fr., on a payé 18 fr. de port et 2 fr. pour menus frais : à combien revient le litre ?*

Prix du tonneau 440 + 18 + 2, soit 460 fr.
Prix du litre 460 : 250.

**Rép**. 1 fr. 84 centimes.

**2861**. *Quel est le prix de 3 douzaines d'encriers, si 2 douzaines ont coûté 6 fr. 60 centimes ?*

Prix d'une douzaine 6,60 : 2, ou 3 fr. 30.
Prix de 3 douzaines 3,30 × 3.

**Rép**. 9 fr. 90 centimes.

**2862**. *Combien valent 45 parapluies à raison de 28 fr. les trois ?*

Nombre de fois 3 parapluies 45 : 3, soit 15.
Prix total 28 × 15.

**Rép**. 420 francs.

**2863**. *Un fabricant vend des montres à raison de 51 fr. les deux : combien a-t-il vendu de montres s'il a reçu 2 346 fr. ?*

Prix d'une montre 51 : 2, soit 25 fr. 50.
Nombre de montres 2 346 : 25,5.

**Rép**. 92 montres.

**2864**. *Quel est le prix d'un kilog. de savon, sachant que 5 pains de 7 kilog. ont coûté 23 fr. 80 ?*

5 pains de 7 kilog. font 5 × 7, ou 35 kilog.
Prix d'un kilog. 23,8 : 35.

**Rép**. 0 fr. 68 centimes.

**2865**. *Combien faudra-t-il de caisses pour contenir 39 780 biscuits pour l'armée, si chaque caisse en contient 17 douzaines ?*

Une caisse contient 17 × 12, ou 204 biscuits.
Il faudra donc 39 780 : 204.

**Rép**. 195 caisses.

**2866**. *Pour 277 fr. 50 on a eu 370 litres de vin ; on demande quel est le prix du double-décalitre.*

Prix d'un litre 277,50 : 370, soit 0 fr. 75.
Prix de 20 litres 0,75 × 20.

**Rép**. 15 francs.

**2867**. *Combien y a-t-il de minutes dans un mois de 31 jours ?*

Nombre d'heures 24 × 31, soit 744.
«       de minutes 744 × 60.

**Rép**. 44 640 minutes.

**2868.** *Combien y a-t-il de minutes dans une année de 365 jours?*

Nombre d'heures 365 × 24, soit 8 760.
     «      de minutes 8 760 × 60.

**Rép.** 525 600 minutes.

**2869.** *Une fontaine donne 4 litres 25 par minute, combien donne-t-elle d'hectolitres dans un mois de 30 jours?*

Dans une heure elle donne 4,25 × 60, ou 255 litres.
Dans un jour elle donne 255 × 24, ou 6 120 lit.
Dans un mois elle donne 6 120 × 30, ou 183 600 lit.
Nombre d'hectolitres 183 600 : 100.

**Rép.** 1 836 hectolitres.

**2870.** *Lorsqu'un litre de vinaigre coûte 0 fr. 65 centimes, combien aura-t-on de tonneaux de 75 litres pour 341 fr. 25?*

Litres qu'on aura 341,25 : 0,65, soit 525.
Nombre de tonneaux 525 : 75.

**Rép.** 7 tonneaux.

**2871.** *Quel est le prix de 12 croisées, sachant que pour une seule il faut payer 48 fr. 50 au menuisier, 4 fr. 25 au peintre, 8 fr. 75 au serrurier et 8 fr. 50 au vitrier?*

Une croisée coûte 48,5 + 4,25 + 8,75 + 8,50, ou 70 fr.
Prix de 12 croisées 70 × 12.

**Rép.** 840 francs.

**2872.** *Que doit-on à un peintre qui a passé en couleur 5 portes d'un bâtiment, sachant qu'il demande pour chaque porte 3 fr. 75 pour le dehors et 2 fr. 25 pour le dedans?*

Pour une porte il faut 3,75 + 2,25, soit 6 fr.
On doit au peintre 5 × 6.

**Rép.** 30 francs.

**2873.** *Combien doit-on payer pour 3 mois d'éclairage au gaz, sachant que le premier mois on a brûlé 325 mètres cubes, le second mois les quatre cinquièmes de ce qu'on a brûlé le premier mois, et le troisième mois 205 mètres, à raison de 35 cent. le mètre?*

Le cinquième de 325 est 325 : 5, ou 65.
Les quatre cinquièmes seront 65 × 4, ou 260.
Gaz brûlé 325 + 260 + 205, soit 700 mètres cubes.
On doit payer 790 × 0,35.

**Rép.** 276 fr. 50 centimes.

**2874.** *On achète 250 fr. 50 une armoire renfermant 196 volumes; on vend l'armoire 21 fr. et chacun des volumes 1 fr. 25: combien a-t-on gagné?*

Prix des volumes 196 × 1,25, ou 245 fr.
Prix de vente 21 + 245, soit 266 fr.
Bénéfice 266 — 250,50.

**Rép.** 15 fr. 50 centimes.

**2875.** *Un bateau contient 325 stères de bois, un autre en contient 78 stères de plus : combien contiennent les deux bateaux ?*

Ils contiennent 325 + 325 + 78.

**Rép.** 728 stères.

**2876.** *Combien doit-on payer pour 398 volumes, une moitié à raison de 1 fr. 25 le volume, et l'autre moitié à raison de 0 fr. 95 ?*

La moitié de 398 est 398 : 2, ou 199.
Prix des premiers 199 × 1,25,  « 248 fr. 75.
    «    seconds 199 × 0,95.,  « 189 « 05.
On doit payer 248,75 + 189,05.

**Rép.** 437 fr. 80 centimes.

**2877.** *Une voiture de charbon contient 115 hectolitres, une seconde en contient 13 hectolitres de plus, et une troisième 9 hectolitres de plus que la deuxième : dire le nombre d'hectolitres que contiennent ces trois voitures.*

La 2ᵉ contient 115 + 13, soit 128 hectolitres.
La 3ᵉ    «    128 + 9    «    137    «
Total 115 + 128 + 137.

**Rép.** 380 hectolitres.

**2878.** *A combien s'élève la dépense faite pour tapisser un appartement, sachant qu'on a employé 18 rouleaux de papier à raison de 0 fr. 65, et que l'ouvrier a reçu 4 fr. 75 pour sa peine ?*

Prix du papier 18 × 0,65, soit 11 fr. 70.
Dépense totale 11,70 + 4,75.

**Rép.** 16 fr. 45 centimes.

**2879.** *A combien reviennent 12 volumes, sachant qu'ils ont coûté, brochés, 60 fr., et que la reliure de chacun coûte 75 centimes ?*

Prix de la reliure 12 × 0,75, ou 9 fr.
Prix des 12 volumes reliés 9 + 60.

**Rép.** 69 francs.

**2880.** *Il est mort à Paris, le dimanche, 127 personnes, le lundi 119, le mardi 135, le mercredi 148, le jeudi 129, le ven-*

*dredi* 140, *le samedi* 132 : *combien est-il mort de personnes pendant la semaine ?*

Il est mort 127 + 119 + 135 + 148 + 129 + 140 + 132.

**Rép.** 930 personnes.

**2881.** *Quelle somme retirera-t-on de la vente d'un veau, sachant qu'il fournit* 16 *kilogrammes de viande de* 1re *qualité à raison de* 1 *fr.* 80 *le kilog., et* 37 *kilog. de* 2e *qualité à raison de* 1 *fr.* 55 *le kilog ?*

La 1re qualité vaut 16 × 1,80, soit 28 fr. 80.
La 2e « 37 × 1,55, « 57 « 35.
Somme retirée 28,80 + 57,35.

**Rép.** 86 fr. 15 centimes.

**2882.** *Un particulier a fait trois payements : le premier de* 25 *fr.* 30, *le second dépassait le premier de* 145 *fr.* 35, *et le troisième dépassait le second de* 85 *fr.* 75 : *quel a été le total de ces payements ?*

Le 2e payement est 625,30 + 145,35, ou 770 fr. 65.
Le 3e « 770,65 + 85,75, « 856 « 40.
Le total est 625,30 + 770,65 + 856,40.

**Rép.** 2 252 fr. 35 centimes.

**2883.** *Combien fournira de douzaines d'aiguilles un fil d'acier long de* 43 200 *millimètres, si chaque aiguille a* 32 *millimètres ?*

Nombre d'aiguilles 43 200 : 32, soit 1 350.
« de douzaines 1 350 : 12.

**Rép.** 112 douz. et demie.

**2884.** *Combien coûtent* 7 *douzaines de rasoirs à raison de* 2 *fr.* 15 *la pièce ?*

7 douzaines font 12 × 7, soit 84.
Prix des rasoirs 84 × 2,15.

**Rép.** 180 fr. 60 centimes.

**2885.** *Un tableau sans son cadre coûte* 180 *fr.; avec son cadre non doré il vaut* 208 *fr., et avec son cadre doré il vaut* 235 *fr. : quel est le prix du cadre non doré et celui de la dorure ?*

Prix du cadre non doré 208 — 180.

**Rép.** 28 francs.

Prix de la dorure 235 — 208.

**Rép.** 27 francs.

**2886.** *Un vitrier reçoit* 3 *caisses de verre ; la première coûte* 89 *fr.* 50, *la seconde coûte* 15 *fr.* 75 *de plus que la première, et*

*la troisième coûte autant que les deux premières : quel est le
prix de chaque caisse, et le prix total ?*

Prix de la 2ᵉ caisse 89,50 + 15,75,   soit 105 fr. 25.
  «      3ᵉ caisse 89,50 + 105,25,   «   194 fr. 75.
Prix total 89,50 + 105,25 + 194,75.

**Rép.** 389 fr. 50 centimes.

**2887.** *Quelle somme doit-on débourser pour payer 12 draps
de lit à raison de 6 fr. 50 le drap, et 18 chemises, si chaque chemise vaut 4 fr. 25 ?*

Prix des draps   12 × 6,50, soit 78 fr.
  «   chemises 18 × 4,25,   «   76 fr .50.
On doit débourser 78 + 76,50.

**Rép.** 154 fr. 50 centimes.

**2888.** *On achète 250 litres de vin pour 140 fr., on y met 10
litres d'eau et 2 litres d'eau-de-vie à 1 fr. 50 le litre : combien
gagne-t-on si l'on vend le litre 0 fr. 75 ?*

Prix de l'eau-de-vie 1,50 × 2, ou 3 fr.
  «   du mélange   140 + 3, ou 143 fr.
Nombre de litres du mélange 250 + 10 + 2, ou 262.
Prix de vente 262 × 0,75, soit 196 fr. 50 centimes.
Bénéfice 196,50 — 143.

**Rép.** 53 fr. 50 centimes.

**2889.** *Combien pourra-t-on avoir de litres de vin à raison de
55 centimes le litre avec l'argent qu'on retirera en vendant 48
litres d'huile au prix de 1 fr. 65 le litre ?*

Prix de l'huile 48 × 1,65, soit 79 fr. 20.
On aura donc 79,20 : 0,55.

**Rép.** 144 litres.

**2890.** *Quel est le prix d'une montre et de sa chaîne, sachant que la montre coûte 45 fr. et que la chaîne vaut 33 fr. de
moins ?*

Prix de la chaîne 45 — 33, ou 12 fr.
Prix total 45 + 12.

**Rép.** 57 francs.

**2891.** *Un sac de farine coûte 68 fr., on en fait 145 pains que
l'on vend 65 centimes : combien gagne-t-on ?*

Prix du pain 145 × 0,65, soit 94 fr. 25.
Gain réalisé 94,25 — 68.

**Rép.** 26 fr. 25 centimes.

**2892.** *Quel est le prix d'un habit, sachant que le drap vaut
65 fr., que la doublure coûte 12 fr. 50, si la façon est le cinquième du prix du drap ?*

Le cinquième du prix du drap est 65 : 5, ou 13.
Prix du drap et de la doublure 65 + 12,5, ou 77 fr. 50.
Prix de l'habit 77,50 + 13.

**Rép.** 90 fr. 50 centimes.

**2893.** *Un poêle avec ses tuyaux et sa plaque coûte 45 fr. : quel est le prix du poêle si les tuyaux coûtent 12 fr. 50 et la plaque 1 fr. 25 ?*

Prix des tuyaux et de la plaque 12,50 + 1,25, ou 13 fr. 75.
Prix du poêle 45 — 13,75.

**Rép.** 31 fr. 25 centimes.

**2894.** *Un éleveur fournit chaque semaine à un grand boucher de Paris 12 bœufs à raison de 340 fr. la pièce : quelle somme lui devra-t-on au bout d'un an, sachant que dans un an il y a 52 semaines ?*

Nombre de bœufs fournis 12 × 52, soit 624.
Valeur des bœufs 624 × 340.

**Rép.** 212 160 francs.

**2895.** *Un poêle avec ses tuyaux et sa plaque a coûté 32 fr. 75 : quel est le prix des tuyaux si le poêle coûte 25 fr. et sa plaque 1 fr. 15 ?*

Prix du poêle et de la plaque 25 + 1,15, ou 26 fr. 15.
Prix des tuyaux 32,75 — 26,15.

**Rép.** 6 fr. 60 centimes.

**2896.** *Un poêle avec ses tuyaux et sa plaque a coûté 48 fr. quel est le prix de la plaque si le poêle vaut 28 fr. et les tuyaux 16 fr. 65 ?*

Prix du poêle et des tuyaux 28 + 16,65, ou 44 fr. 65.
Prix de la plaque 48 — 44,65.

**Rép.** 3 fr. 35 centimes.

**2897.** *Combien doit-on débourser pour payer 8 cahiers de 25 centimes, 13 cahiers de 15 centimes et 19 cahiers de 5 cent. ?*

Prix des cahiers à 0 fr. 25,   8 × 0,25, ou 2 fr.
      «         0 fr. 15,   13 × 0,15, «   1 fr. 95.
      «         0 fr. 05,   19 × 0,05, «   0 fr. 95 cent.

On doit débourser 2 + 1,95 + 0,95.

**Rép.** 4 fr. 90 centimes.

**2898.** *Un pain de cire a coûté 18 fr. : quel bénéfice fera-t-on si l'on peut avec ce pain faire 3 cierges à 5 fr. 25 et 8 cierges à 1 fr. 30 ?*

Prix des cierges à 5 fr. 25,   3 × 5,25, ou 15 fr. 75.
      «         1 fr. 30,   8 × 1,30, «   10 fr. 40.

Prix de tous les cierges 15,75 + 10,40, soit 26 fr. 15.
Bénéfice 26,15 — 18.

**Rép.** 8 fr. 15 centimes.

**2899.** *Un jardinier achète 250 pots à 0 fr. 13, 160 à 0 fr. 17, et 120 à 0 fr. 22 : combien aura-t-il à payer ?*

Prix des pots à 0 fr. 13,   $250 \times 0,13$, ou 32 fr. 50.
  «       à 0 fr. 17,   $160 \times 0,17$,  « 27 fr. 20.
  «       à 0 fr. 22,   $120 \times 0,22$,  « 26 fr. 40.
Prix total 32,50 + 27,20 + 26,40.

**Rép.** 86 fr. 10 centimes.

**2900.** *Un tailleur achète 85 mètres de drap à 12 fr. 50, et autant de doublure à 0 fr. 85 : quelle somme aura-t-il à payer si on lui fait un rabais de 9 fr. 80 ?*

Prix du drap        $85 \times 12,50$, soit 1 062 fr. 50.
Prix de la doublure $85 \times 0,85$,   «     72 fr. 25.
Prix total 1 062,50 + 72,25, soit 1 134 fr. 75.
Somme à payer 1 134,75 — 9,80.

**Rép.** 1 124 fr. 95 centimes.

**2901.** *Combien coûte un chemin de croix, sachant que chacun des 14 tableaux vaut 12 fr. 50 et que les cadres valent en tout 35 fr. ?*

Prix des tableaux $14 \times 12,50$, soit 175 fr.
Prix total 175 + 35.

**Rép.** 210 francs.

**2902.** *Une vache donne 13 litres de lait par jour, combien rapporte-t-elle dans un mois de 31 jours si le litre de lait se vend 25 centimes ?*

Lait produit $31 \times 13$, ou 403 litres.
La vache rapporte $403 \times 0,25$.

**Rép.** 100 fr. 75 centimes.

**2903.** *Quelle somme avait un ouvrier, sachant qu'après avoir payé une montre 48 fr., sa chaîne 8 fr. 50 et 3 cravates à 0 fr. 75, il lui reste encore 17 fr. ?*

Prix des 3 cravates $3 \times 0,75$, ou 2 fr. 25.
L'ouvrier avait 48 + 8,50 + 2,25 + 17.

**Rép.** 75 fr. 75 centimes.

**2904.** *Un litre de lait coûte 8 fois moins qu'un kilogramme de viande : quel est le prix d'un litre de lait si 85 kilog. de viande coûtent 142 fr. 80 ?*

Prix d'un kilog. de viande 142,80 : 85, ou 1 fr. 68.
Prix d'un litre de lait 1,68 : 8.

**Rép.** 0 fr. 21 centimes.

**2905.** *Un litre d'huile coûte 5 fois plus qu'un litre de vin : quel est le prix d'un litre d'huile si 48 litres de vin coûtent 21 fr. 60 ?*

Prix d'un litre de vin 21,60 : 48, soit 0 fr. 45.

Prix d'un litre d'huile 0,45 × 5.

**Rép.** 2 fr. 25 centimes.

**2906.** *Un marchand a acheté 64 mètres de drap à 9 fr. 60 ; il veut gagner 89 fr. 60 : combien doit-il revendre le mètre ?*

Prix d'achat 64 × 9,60, soit 614 fr. 4.

Prix de vente 614,4 + 89,6, soit 704 fr.

Il doit revendre le mètre 704 : 64.

**Rép.** 11 francs.

**2907.** *Un marchand a acheté 54 mètres de velours à 4 fr. 05 le mètre ; il veut retirer en tout 280 fr. 75 : quel sera son bénéfice ?*

Prix d'achat 54 × 4,05, soit 218 fr. 70.

Bénéfice 280,75 — 218,70.

**Rép.** 62 fr. 05 centimes.

**2908.** *Un marchand a acheté 32 châles à raison de 28 fr. ; il les vend 1 008 fr. : quel est son bénéfice sur un châle ?*

Prix d'achat 32 × 28, ou 896 fr.

Bénéfice total 1 008 — 896, ou 112 fr.

     «    sur un châle 112 : 32.

**Rép.** 3 fr. 50 centimes.

**2909.** *Un vitrier a fourni 84 carreaux à raison de 2 fr. 10 ; il prend pour les poser le cinquième de la valeur du verre : quelle somme doit-on lui donner ?*

Prix du verre 84 × 2,10, soit 176 fr. 4.

Le cinquième de 176,4 est 176,4 : 5, ou 35 fr. 28.

Somme due au vitrier 176,40 + 35,28.

**Rép.** 211 fr. 68 centimes.

**2910.** *Un arbre a été acheté 78 fr., on a dépensé pour le faire scier 18 fr. 50 : quel bénéfice a-t-on fait si l'on a obtenu 8 plateaux qu'on a vendus 14 fr. la pièce ?*

Prix de revient des 8 plateaux 78 + 18,50, ou 96 fr. 50.

Prix de vente         «        8 × 14, ou 112 fr.

Bénéfice 112 — 96,50.

**Rép.** 15 fr. 50 centimes.

**2911.** *Un marchand achète 15 vases de porcelaine 147 fr., il en casse 3 : combien doit-il vendre les autres pour ne rien perdre ni ne rien gagner ?*

Nombre de vases à vendre 15 — 3, ou 12.

Prix de vente d'un vase 147 : 12.

**Rép.** 12 fr. 25 centimes.

**2912.** *Un marchand achète 16 vases 167 fr., il en garde un et veut gagner 13 fr. : combien doit-il vendre chacun des autres ?*

Prix de vente 167 + 13 , soit 180 fr.

On doit vendre chaque vase 180 : 15.

**Rép,** 12 francs.

**2913.** *Trois ouvriers ont acheté une maison 12600 fr., ils l'ont revendue 13560 fr. : combien chacun aura-t-il sur le bénéfice ?*

Bénéfice réalisé 13560 — 12600, ou 960 fr.

Chaque ouvrier aura gagné 960 : 3.

**Rép.** 320 francs.

**2914.** *Un maître maçon reçoit 385 fr. pour payer 14 ouvriers, il leur donne à chacun 25 fr. 50 : que reste-t-il pour lui ?*

Somme donnée aux ouvriers 14 × 25,5 , ou 357 fr.

Il reste au maître 385 — 357.

**Rép.** 28 francs.

**2915.** *Un patron reçoit 360 fr., il garde pour lui 36 fr., le reste est distribué à 12 ouvriers : que revient-il à chacun ?*

Somme à distribuer 360 — 36, soit 324 fr.

Part d'un ouvrier 324 : 12.

**Rép.** 27 francs.

**2916.** *Un rentier a 5 fr. 25 à dépenser par jour de chaque année ordinaire de 365 jours : quelle est sa dépense journalière quand l'année a 366 jours ?*

Dépense pour 365 jours   365 × 5,25, ou 1916 fr. 25.

La dépense journalière sera 1916,25 : 366.

**Rép.** 5 fr. 23 centimes.

**2917.** *65 kilogrammes de farine coûtent 21 fr. 75 et donnent 38 pains de 2 kilog., que l'on vend 0 fr. 38 le kilog. : quel bénéfice fait-on ?*

Nombre de kilog. de pain 38 × 2, ou 76 kilog.

Prix de vente des pains 76 × 0,38, ou 28 fr. 88.

Bénéfice 28,88 — 21,75.

**Rép.** 7 fr. 13 centimes.

**2918.** *Un homme charitable donne 3 francs aux pauvres toutes les fois qu'il gagne 120 francs : quelle somme a-t-il* *gagnée dans une année si la part des pauvres s'est élevée à 96 fr. ?*

Nombre de fois 3 fr. contenus dans 96,   96 : 3, ou 32.
Bénéfice réalisé 32 × 120.

**Rép.** 3 840 francs.

**2919.** *Deux oiseaux portent à leurs petits chacun 18 insectes par heure et font cela pendant 17 jours : combien ces oiseaux auront-ils détruit d'insectes s'ils travaillent pendant 14 heures chaque jour ?*

Insectes détruits par heure    18 × 2,      ou      36.
          "          jour      36 × 14,     "       504.
          "     en 17 jours 504 × 17,     "     8 568.

**Rép.** 8 568 insectes.

**2920.** *Lorsque 35 pantalons coûtent 385 fr., combien coûteront 18 pantalons ?*

Un pantalon coûte 385 : 35, ou 11 fr.
18 pantalons coûteront 11 × 18.

**Rép.** 198 francs.

**2921.** *Si 75 litres de pétrole coûtent 90 fr., combien coûtera un tonneau qui contient 232 litres ?*

Un litre coûte 90 : 75, ou 1 fr. 20.
Le tonneau coûtera 232 × 1,20.

**Rép.** 278 fr. 40 centimes.

**2922.** *Quel est le revenu d'une propriété, sachant que le quart de ce revenu suffit pour payer 32 ouvriers pendant 6 jours à raison de 4 fr. 50 par jour ?*

Prix d'une journée   32 × 4,50, ou 144 fr.
  " de 6 journées    144 × 6, ou 864 fr.
Le revenu est   864 × 4.

**Rép.** 3 456 francs.

**2923.** *Quel est le revenu d'un particulier, sachant qu'avec ce revenu il peut dépenser 3 fr. 25 par jour et consacrer chaque semaine 1 fr. 25 pour les pauvres ?*

Dépense pour 365 jours   365 × 3,25, ou 1 186 fr. 25.
       "        52 semaines 1,25 × 52     » 65 fr.
Le revenu est de 1 186,25 + 65.

**Rép.** 1 251 fr. 25 centimes.

**2924.** *Un libraire achète une douzaine de volumes au prix de 4 fr. 50 le volume, il reçoit en plus le treizième qu'il ne doit pas payer; on lui fait un rabais de 13 fr. 50 sur le prix d'achat : dire combien gagne le libraire s'il vend chaque volume 4 fr. 60.*

Prix des volumes $12 \times 4,50$, soit 54 fr.
Prix net            $54 - 13,50$, «   40 fr. 50.
Prix de vente      $13 \times 4,60$,   «   59 fr. 80.
Le libraire gagne $59,80 - 40,50$.

**Rép.** 19 fr. 30 centimes.

**2925.** *Combien un jardinier doit-il vendre de géraniums, à raison de 45 centimes l'un, pour payer 144 cloches en verre qu'il a achetées au prix de 1 fr. 30 la cloche ?*

Prix des cloches $144 \times 1,30$, ou 187 fr. 20.
Il doit vendre $187,20 : 0,45$.

**Rép.** 416 géraniums.

**2926.** *Lorsque 18 mètres de toile coûtent 45 fr., combien coûteront 15 mètres ?*

Un mètre coûte $45 : 18$, ou 2 fr. 50.
15 mètres coûteront $2,50 \times 15$.

**Rép.** 37 fr. 50 centimes.

**2927.** *Lorsque 15 mètres de drap coûtent 217 fr. 50, combien aura-t-on de mètres pour 306 fr. ?*

Un mètre coûte $217,50 : 15$, ou 14 fr. 50.
On aura donc $306 : 14,50$.

**Rép.** 21 mètres 10.

**2928.** *On achète 12 sacs de haricots à raison de 24 fr. le sac, chaque sac contient 13 décalitres ; on vend les haricots en détail au prix de 20 centimes le litre : combien a-t-on gagné par sac ?*

13 décalitres font 130 litres.
Prix de vente d'un sac $130 \times 0,2$, ou 26 fr.
Bénéfice par sac $26 - 24$.

**Rép.** 2 francs.

**2929.** *Une usine fournit chaque mois 95 600 bouteilles : combien aura-t-elle gagné après dix-huit mois si le bénéfice est de 17 fr. 50 sur 1000 bouteilles ?*

Nombre de mille de bouteilles 95,600.
Bénéfice par mois $95,6 \times 17,5$, ou 1 673 fr.
Bénéfice total $1 673 \times 18$.

**Rép.** 30 114 francs.

**2930.** *Lorsque 24 draps de lit coûtent 132 fr., combien aura-t-on de paires de draps pour 198 fr. ?*

Prix d'un drap $132 : 24$, soit 5 fr. 50.
Prix d'une paire $5,50 \times 2$, ou 11 fr.
On aura donc $198 : 11$.

**Rép.** 18 paires.

**2931.** *Lorsque 35 rations coûtent 50 fr. 75, combien coûteront 185 doubles rations ?*

Une ration coûte 50,75 : 35, ou 1 fr. 45.
La double ration coûtera 1,45 × 2, ou 2 fr. 90.
185 doubles rations coûteront 185 × 2,9.

**Rép.** 536 fr. 50 centimes.

**2932.** *Quelle est la somme de 5 nombres, sachant que le premier est 48, que le second est double du premier, que le troisième est double du second, et ainsi de suite ?*

Le 2ᵉ nombre est   48 × 2,   soit   96.
Le 3ᵉ     «       96 × 2,   «   192.
Le 4ᵉ     «      192 × 2,   «   384.
Le 5ᵉ     «      384 × 2,   «   768.
Somme 48 + 96 + 192 + 384 + 768.

**Rép.** 1 488 francs.

**2933.** *Quelle est la somme de 5 nombres, sachant que le premier est 1 053, que le second n'est que le tiers du premier, que le troisième n'est que le tiers du second, et ainsi de suite ?*

Le 2ᵉ nombre est 1 053 : 3,   soit   351.
Le 3ᵉ     «      351 : 3,   «   117.
Le 4ᵉ     «      117 : 3,   «   39.
Le 5ᵉ     «      39 : 3,   «   13.
Somme 1 053 + 351 + 117 + 39 + 13.

**Rép.** 1 573 francs.

**2934.** *8 kilogrammes de café vert coûtent 4 fr. 20 le kilog. et donnent 7 kilog. de café brûlé : combien gagne-t-on si l'on vend le café brûlé 5 fr. 60 le kilog. ?*

Prix du café vert   8 × 4,20,   ou 33 fr. 60.
Prix du café brûlé 7 × 5,60,   «   39 fr. 20.
Bénéfice 39,20 — 33,60.

**Rép.** 5 fr. 60 centimes.

**2935.** *Si 15 sacs de voyage coûtent 255 fr., combien aura-t-on de sacs pour 323 fr. ?*

Un sac coûtant 255 : 15, ou 17 fr.;
On aura donc 323 : 17.

**Rép.** 19 sacs.

**2936.** *Pour 6 fr. 75 on peut transporter un meuble à 100 kilomètres : à quelle distance pourra-t-on le transporter pour 14 fr. 85 ?*

14 fr. 85 contiennent 6 fr. 75 un nombre de fois marqué par 2,2.
On peut donc transporter à 100 × 2,2.

**Rép.** 220 kilomètres.

**2937**. *L'épaisseur de 476 feuilles de papier est de 6 centimètres : combien faut-il de feuilles pour que leur épaisseur soit de 45 centimètres ?*

45 contient 6 un nombre de fois marqué par 7,5.
Le nombre de feuilles sera 476 × 7,5.

**Rép**. 3 570 feuilles.

**2938**. *Un commis recevait 2 460 fr. de traitement par an, on l'augmente de 25 fr. par mois : dire quel est aujourd'hui son traitement trimestriel ?*

Augmentation annuelle 25 × 12, soit 300 fr.
Traitement annuel 2 460 + 300, soit 2 760.
Traitement trimestriel 2 760 : 4.

**Rép**. 690 francs.

**2939**. *Lorsque 8 fuchsias coûtent 12 fr. 40, combien coûteront 5 rangées de ces arbrisseaux, si chaque rangée compte 19 fuchsias ?*

5 rangées font 5 × 19, ou 95 fuchsias ;
Un fuchsia coûte 12,40 : 8, soit 1 fr. 55.
95 fuchsias coûtent 95 × 1,55.

**Rép**. 147 fr. 25 centimes.

**2940**. *Un marchand achète 4 tonneaux d'eau-de-vie renfermant chacun 225 litres ; il les paye à raison de 90 fr. l'hectolitre : quelle somme devra-t-il débourser si on lui fait un rabais de 8 fr. sur 100 fr. ?*

Nombre de litres    225 × 4, soit 900 litres.
900 litres font 9 hectolitres ;
Prix du vin 9 × 90, soit 810 fr.
Sur 1 fr. on fait un rabais de 8 : 100, ou 0,08.
Sur 810 fr. le rabais sera 0,08 × 810, ou 64 fr. 80.
On déboursera donc 810 — 64,80.

**Rép**. 745 fr. 20 centimes.

**2941**. *Un litre de mercure pèse 13 kilog. 6 : combien y a-t-il de litres de ce métal dans un tonneau de fer qui pèse brut 1 310 kilog., sachant que le tonneau vide pèse 154 kilog. ?*

Poids du mercure 1 310 — 154, soit 1 156 kilog.
Nombre de litres 1 156 : 13,6.

**Rép**. 85 litres.

**2942**. *Le Rhône verse en moyenne par seconde 550 mètres cubes d'eau dans la mer : combien en verse-t-il dans un jour ?*

Il verse par minutes    550 × 60,    ou    33 000.
   «       heure    33 000 × 60,    «    1 980 000
   «       jour    1 980 000 × 24.

**Rép**. 47 520 000 mètres cubes.

**2943.** *Le Rhône verse annuellement dans la Méditerranée environ 18 000 000 de mètres cubes de limon : combien en verse-t-il en moyenne par heure?*

Il verse par jour    18 000 000 : 365, ou 49 315 mètres cubes.
«        heure 49 315 : 24.

**Rép.** 2 054 mètres cubes.

**2944.** *Lorsque 1 800 fr. donnent un revenu annuel de 72 fr., quel revenu donnera une somme de 7 650 fr.*

1 fr. donne un revenu de 72 : 1 800, ou 0 fr. 04.
7 650 donnent 7 650 × 0,04.

**Rép.** 306 francs.

**2945.** *Lorsque 3 000 fr. donnent un revenu annuel de 135 fr., quelle somme faudra-t-il pour avoir un revenu annuel de 742 fr. 50?*

1 fr. donne un revenu de 135 : 3 000, ou 0,045.
Autant de fois 0,045 seront contenus dans 742,50, autant de fr. il faudra    742,50 : 0, 045.

**Rép.** 16 500 francs.

**2946.** *Une pièce de 5 fr. en argent pèse 25 grammes et contient 22 gr. 5 d'argent pur, le reste est en cuivre : on demande les poids d'argent et de cuivre contenus dans 47 pièces de 5 fr.?*

Le cuivre d'une pièce est 25 — 22,5, ou 2,50.
Poids de l'argent 22,5 × 47.

**Rép.** 1 057 grammes 5.

Poids du cuivre 2,50 × 47.

**Rép.** 117 grammes 5.

**2947.** *Un fil de fer qui entourerait la terre aurait 40 000 000 de mètres de longueur : on demande combien ce fil de fer pèserait de tonnes (1 000 kilog.), si l'on suppose que 16 mètres de ce fil pèsent 3 500 grammes?*

Autant de fois 16 seront contenus dans 40 000 000, autant de fois 3 500 gr. de poids on aura
40 000 000 : 16 donne 2 500 000.
3 500 grammes font 3 kilog. 5.
Poids en kilog. 2 500 000 × 3,5, ou 8 750 000 kilogrammes.
Nombre de tonnes 8 750 000 : 1 000.

**Rép.** 8 750 tonnes.

**2948.** *Combien coûte par an un ouvrier à qui l'on donne chaque mois 45 fr. et sa nourriture, estimée 2 fr. 25 par jour, l'année ayant 365 jours?*

Prix pour 12 mois       45 × 12,   soit 540 fr.
Prix de la nourriture 365 × 2,25,   « 821 fr. 25 centimes.
L'ouvrier coûte 540 + 821,25.

**Rép.** 1361 fr. 25 centimes.

**2949.** *Un chapelier a fourni dans une année 208 képis à une pension, à raison de 4 fr. 25 le képi : combien le chapelier recevra-t-il, s'il ne fait payer que 12 képis sur 13 ?*

Dans 208  13 est contenu 208 : 13, ou 16 fois.
Il faut donc retrancher 16 képis sur 208.
Nombre de képis à payer 208 — 16, ou 192.
Le chapelier recevra 192 × 4,25.

**Rép.** 816 francs.

**2950.** *Un train de chemin de fer part de Paris avec 125 voyageurs : à la première station il laisse 25 voyageurs et en prend 18 ; à la seconde il en laisse 34 et en prend 23 ; à la troisième il en laisse 19 et en prend 20 ; à la quatrième il en laisse 48 et en prend 51 : dire combien le train renferme alors de voyageurs.*

Si le train n'avait pas laissé de voyageurs, il en aurait eu
        125 + 18 + 23 + 20 + 51, soit 237 voyageurs.
Voyageurs laissés 25 + 34 + 19 + 48,   «   126        »
Il reste donc 237 — 126.

**Rép.** 111 voyageurs.

**2951.** *Cinq meules de blé contiennent chacune 1 260 gerbes combien ces meules donneront-elles d'hectolitres de blé, si 6 gerbes fournissent 5 litres ?*

Dans 1 260 il y a 210 fois le nombre 6.
Litres d'une meule 210 × 5, ou 1 050 litres.
Litres des 5 meules 1 050 × 5.

**Rép.** 5250 litres.

**2952.** *Une giletière fait 13 gilets par semaine et reçoit 1 fr. 25 par gilet : combien aura-t-elle gagné après 26 semaines, si ses dépenses pour un gilet sont de 15 centimes ?*

La giletière gagne par gilet 1,25 — 0,15, ou 1 fr. 10 centimes.
Nombre de gilets faits 13 × 26, soit 338 gilets.
Le gain est de 338 × 1,10.

**Rép.** 371 fr. 80 centimes.

**2953.** *Lorsque 85 litres d'eau de mer donnent 1 kilogramme de sel qu'on vend 0 fr. 22 centimes, quelle est la valeur du sel contenu dans 117 640 litres d'eau de mer ?*

Autant de fois 85 litres seront contenus dans 117 640 litres, autant de fois on aura 0 fr. 22 centimes.
117 640 : 85 donne 1 384.
La valeur du sel sera donc de 1 384 × 0,22.

**Rép.** 304 fr. 48 centimes.

**2954.** *La grande source d'eaux minérales de Royat, dans le Puy-de-Dôme, donne 1 555 200 litres par jour : quelle quantité donne-t-elle par seconde ?*

Débit par heure    1 555 200 : 24, ou 64 800 litres.
  «      minute    64 800 : 60, ou   1 080    «
  «      seconde    1 080 : 60.

**Rép.** 18 litres.

**2955.** *Deux sources donnent, l'une 3 litres et l'autre 2 litres par minute : combien leur faudra-t-il de jours pour remplir un bassin qui contient 18 000 litres ?*

Litres versés par minute 3 + 2 ou 5 litres.
Nombre de minutes   18 000 : 5,   ou 3 600.
  «     d'heures     3 600 : 60, ou    60.
  «     de jours      60 : 24.

**Rép.** 2 jours 12 heures.

**2956.** *Un marchand achète un bateau de bois renfermant 640 stères; il paye la moitié à raison de 9 fr. 75 le stère, et le reste à raison de 10 fr. 50 : quelle somme doit-il débourser s'il a payé pour le mesurage 20 centimes par stère ?*

La moitié de 640 est 640 : 2, ou 320 stères.
Prix d'une moitié   320 × 9,75, soit 3 120 fr.
  «   de l'autre     320 × 10,5,   «   3 360 fr.
Prix du mesurage   640 × 0,20, ou    128 fr.
Prix total 3 120 + 3 360 + 128.

**Rép.** 6 608 francs.

**2957.** *Un particulier possède 1 825 fr. de revenu annuel, il dépense en moyenne 3 fr. 75 par jour : quelle somme aura-t-il économisée au bout de 3 ans ?*

Dépense par an 365 × 3,75, soit 1 368 fr. 75 centimes.
Économie annuelle 1 825 — 1 368,75, ou 456 fr. 25 centimes.
Il aura économisé 456,25 × 3.

**Rép.** 1 368 fr. 75 centimes.

**2958.** *Un rentier possède un revenu annuel de 2 190 fr. : combien a-t-il dépensé par jour en moyenne, sachant qu'il a économisé 1 368 fr. 75 en 3 ans ?*

Économie d'un an 1 368,75 : 3, ou 456 fr. 25 centimes.
Dépense annuelle 2 190 — 456,25, ou 1 733 fr. 75 centimes.
Dépense journalière 1 733,75 : 365.

**Rép.** 4 fr. 75 centimes.

**2959.** *Combien doit-on payer pour une pièce de drap de 48 mètres, sachant que si elle avait 60 mètres on devrait payer 720 fr. en tout ?*

Prix d'un mètre 720 : 60, soit 12 francs.
Prix des 48 mètres 48 × 12.

**Rép.** 576 francs.

**2960.** *Combien doit-on payer pour 38 paires de pantoufles, sachant que s'il y avait 8 paires de moins on payerait 73 fr. 50 ?*

30 paires de pantoufles coûtent donc 73 fr. 50 centimes.
Prix d'une paire 73,50 : 30, soit 2 fr. 45 centimes.
Prix des 38    2,45 × 38.

**Rép.** 93 fr. 10 centimes.

**2961.** *Combien doit-on payer pour 23 pantalons, sachant que s'il y avait 11 pantalons de plus on payerait 170 fr. 50 de plus que pour les 23 ?*

Prix d'un pantalon 170,5 : 11, soit 15 fr. 50 centimes.
Prix des 23    15,5 × 23.

**Rép.** 356 fr. 50 centimes.

**2962.** *Que revient-il à trois associés qui se partagent une somme de 12 800 fr., sachant que le premier en prend le quart, que le second a 2 300 fr. de plus que le premier, et que le troisième a le reste ?*

| | | | |
|---|---|---|---|
| Part du 1ᵉʳ | 12 800 : 4 | soit | 3 200 fr. |
|     «   2ᵉ | 3 200 + 2 300, soit | | 5 500 fr. |

Les deux premiers ont donc . . . .   8 700 fr.
Part du 3ᵉ   12 800 — 8 700.

**Rép.** 4 100 francs.

**2963.** *Un maquignon achète 5 chevaux 575 fr. pièce ; il en vend 3 à raison de 650 fr. l'un : combien doit-il vendre chacun des 2 autres pour gagner sur les 5 chevaux le prix d'achat d'un cheval ?*

Prix des 5 chevaux    575 × 5, soit 2 875 francs.
Prix à retirer 2 875 + 575, soit 3 450.
Prix de vente de 3 chevaux    650 × 3, soit 1 950.
Il reste encore à tirer 3 450 — 1 950, ou 1 500.
Prix de chacun des 2 chevaux    1 500 : 2.

**Rép.** 750 francs.

**2964.** *La couverture d'un château a coûté 326 fr. 70 : combien a-t-elle exigé de centaines d'ardoises si 1 000 ardoises coûtent 16 fr. 50 ?*

Prix de 100 ardoises 16,50 : 10, soit 1 fr. 65 centimes.
Autant de fois 1 fr. 65 sera contenu dans 326,70, autant il aura fallu de centaines d'ardoises    326,70 : 1,65.

**Rép.** 198 centaines d'ardoises.

**2965.** *Pour soufrer une vigne on emploie chaque fois 45 kil.*

*de soufre, du prix de* 18 *fr. les* 100 *kilog. : quelle dépense nécessite le soufrage, si on le répète* 3 *fois chaque année ?*

1 kilog. coûte 18 : 100, soit 0 fr. 18 centimes.
Prix de 45 kilog. 45 × 0,18, ou 8 fr. 10 centimes.
Prix des 3 soufrages 8,10 × 3.
**Rép.** 24 fr. 30 centimes.

**2966.** *On achète* 18 *pièces d'étoffe contenant chacune* 64 *mouchoirs à raison de* 35 *fr. la pièce : combien doit-on vendre la douzaine de mouchoirs pour gagner* 118 *fr.* 80 *sur le tout ?*

Prix d'achat 18 × 35, soit 630 francs.
Prix de vente 630 + 118,80, ou 748 fr. 80 centimes.
Nombre de mouchoirs 18 × 64, soit 1 152.
Prix d'un mouchoir 748,8 : 1 152, ou 0 fr. 65 centimes.
Prix de la douzaine 0,65 × 12.
**Rép.** 7 fr. 80 centimes.

**2967.** *Combien gagne-t-on annuellement dans une famille, sachant qu'on dépense* 1 548 *fr. pour la nourriture,* 450 *fr. pour le loyer,* 520 *fr. pour l'habillement,* 48 *fr.* 75 *pour les impôts,* 185 *fr. pour divers autres frais, et qu'on a pu mettre de côté* 3 *pièces de* 20 *fr. par mois ?*

Économie pour 12 mois   20 × 3 × 12, ou 720 francs.
Le gain annuel est de 1 548 + 450 + 520 + 48,75 + 185 + 720.
**Rép.** 3 471 fr. 75 centimes.

**2968.** *Un jardinier achète* 300 *tulipes à* 15 *fr. le cent, et* 300 *pots à raison de* 8 *fr. le cent : quel bénéfice a-t-il fait s'il vend la moitié de ses tulipes en pots* 30 *centimes pièce et l'autre moitié* 35 *centimes ?*

Prix des tulipes   3 × 15, soit 45 fr.
  «      pots      3 × 8,    «  24 fr.
Dépense totale 45 + 24, ou 69 francs.
La moitié de 300 est 300 : 2, ou 150.
Produit de la 1re moitié   150 × 0,30, ou 45 francs.
  «        2e      «        150 × 0,35, ou 52 fr. 50 centimes.
Produit total 45 + 52,50, soit 97 fr. 50 centimes.
Bénéfice 97,50 — 69.
**Rép.** 28 fr. 50 centimes.

**2969.** *Un marchand achète* 1 800 *oranges* 120 *fr.; il vend le premier tiers à raison de* 1 *fr.* 60 *la douzaine, le second tiers à raison de* 1 *fr.* 20 *la douzaine, et le troisième tiers à raison de* 0 *fr.* 90 *centimes la douzaine : quel bénéfice réalise-t-il ?*

Le tiers de 1 800 est 1 800 : 3, ou 600.
Nombre de douzaines 600 : 12, ou 50.

Le 1er tiers produit    50 × 1,60, soit 80 fr.
Le 2e        «          50 × 1,20,  «   60 fr.
Le 3e        «          50 × 0,90,  «   45 fr.

Produit total. . . . . . . .    185 fr.

Bénéfice 185 — 120.

**Rép.** 65 francs.

**2970.** *Lorsque 100 aiguilles pèsent 5 grammes, combien y a-t-il de douzaines d'aiguilles dans un paquet qui pèse 1 890 grammes ?*

5 grammes sont contenus 378 fois dans 1 890 grammes.
Il y a donc 1 890 × 100, soit 18 900 aiguilles.
Le nombre de douzaines est 18 900 : 12.

**Rép.** 1 575 douzaines.

**2971.** *On achète 4 sacs de café pesant chacun 75 kilog. au prix de 340 fr. les 100 kilog., on paye pour les 4 sacs 25 fr. de port et 8 fr. 10 d'entrée : combien gagnera-t-on si l'on vend le café en détail au prix de 4 fr. 25 le kilog. ?*

Poids des 4 sacs    4 × 75, ou 300 kilogrammes.
Prix d'achat    3 × 340, soit 1 020 francs.
Frais 25 + 8,10, ou 33 fr. 10 centimes.
Dépense totale 1 020 + 33,10, soit 1 053 fr. 10 centimes.
Argent retiré 300 × 4,25, ou 1 275 francs.
Bénéfice 1 275 — 1 053,10.

**Rép.** 221 fr. 90 centimes.

**2972.** *Un particulier achète une coupe de bois 10 500 fr.; il dépense pour l'exploiter 1 580 fr., et il en tire 1 275 stères de bois qu'il vend 9 fr. 50 le stère, et 16 800 fagots qu'on lui paye 6 fr. 25 le cent : quel bénéfice aura-t-il fait ?*

Prix de la coupe 10 500 + 1 580, soit 12 080 francs.
Valeur du bois 1 275 × 9,50, ou 12 112 fr. 50 centimes.
Valeur des fagots 168 × 6,25, ou 1 050 fr.
Argent retiré 12 112,50 + 1 050, soit 13 162 fr. 50 centimes.
Bénéfice 13 162,50 — 12 080.

**Rép.** 1 082 fr. 50 centimes.

**2973.** *Une colonne de granit d'une seule pièce vaut 160 fr. lorsqu'elle est simplement taillée; on la fait polir, et elle vaut alors 248 fr. : combien est estimée la journée du polisseur s'il a employé 16 jours à ce travail ?*

Prix du polissage 248 — 160, soit 88 francs.
. Prix de la journée 88 : 16.

**Rép.** 5 fr. 50 centimes.

**2974.** *Combien coûtent 25 lits complets, sachant que le bois vaut 18 fr., le sommier 16 fr. 50, le traversin 3 fr. 75, et 3 couvertures, en tout 15 fr. ?*

Prix d'un lit 18 + 16,50, + 3,75 + 15, soit 53 fr. 25 centimes.
Prix des 25 lits　53,25 × 25.

**Rép.** 1331 fr. 25 centimes.

**2975.** *Dans une maison on a posé 8 tuyaux de descente en fer-blanc pour la conduite des eaux pluviales, chaque tuyau a 8 mètres 50 de longueur et coûte 1 fr. 25 le mètre : que doit-on payer à l'ouvrier ?*

Longueur des tuyaux 8,50 × 8, ou 68 mètres.
Prix du travail 68 × 1,25.

**Rép.** 85 francs.

**2976.** *Une usine a fourni dans une année 12500 pelles à 0 fr. 75 la pièce, 7300 faux à 2 fr. 75, et 8250 pioches à 1 fr. 85 : quelle recette a-t-elle faite ?*

Prix des pelles　　12500 × 0,75, soit　9375 fr.
　　«　　faux　　　7300 × 2,75,　»　20075 fr.
　　«　　pioches　 8250 × 1,85,　»　15262 fr. 50
　　　　Recette totale . . . . . . . . 44712 fr. 50

**Rép.** 44712 fr. 50 centimes.

**2977.** *Un bec de gaz brûle 125 litres par heure; on le laisse allumé 4 heures par jour pendant 148 jours : quelle sera la dépense si 1000 litres coûtent 35 centimes ?*

Gaz brûlé par jour　　　125 × 4,　soit　　500 litres.
　　«　　en 148 jours　500 × 148,　«　74000 litres.
La dépense sera 74 × 0,35.

**Rép.** 25 fr. 90 centimes.

**2978.** *Quelle somme faut-il pour payer un chapeau de 4 fr. 25, un gilet qui vaut le double du chapeau et encore 3 fr., et un habit qui vaut 19 fr. 25 de plus que le chapeau et le gilet ?*

Prix du gilet　4,25 + 4,25 + 3, soit 11 fr. 50 centimes.
Prix de l'habit 4,25 + 11,50 + 19,25, soit 35 francs.
Prix total 4,25 + 11,50 + 35.

**Rép.** 50 fr. 75 centimes.

**2979.** *Combien coûtent 3 douzaines de chemises de trois grandeurs différentes, une douzaine de chacune, si les chemises de première grandeur coûtent 5 fr. 15 l'une, celle de la deuxième 4 fr. 25, et celle de la troisième 3 fr. 75 ?*

Prix de la 1re douzaine　12 × 5,15, ou 61 fr. 80
　　«　　2e　　　«　　　12 × 4,25, ou 51 fr.
　　«　　3e　　　«　　　12 × 3,75, ou 45 fr.
　　　　　Prix total . . . . . 157 fr. 80

**Rép.** 157 fr. 80 centimes.

**2980.** *On a déboursé 396 fr.; la moitié de cette somme a été employée à payer 2 douzaines de casquettes, et l'autre moitié à solder 18 paires de souliers : quel est le prix d'une casquette et celui d'une paire de souliers ?*

La moitié de 396 est 198.

2 douzaines font 24.

Prix d'une casquette 198 : 24.

**Rép.** 8 fr. 25 centimes.

Prix d'une paire de souliers 198 : 18.

**Rép.** 11 francs.

**2981.** *Un voiturier a conduit un chargement, et il lui a fallu trois jours : quel est son bénéfice s'il a reçu 47 fr. 25, sachant que chacun de ses trois chevaux lui a coûté 2 fr. 50 par jour, et que la dépense pour sa nourriture journalière s'élevait à 4 fr. 25 ?*

Dépense des chevaux $3 \times 3 \times 2,50$, soit 22 fr. 50 centimes.

Dépense personnelle $3 \times 4,25$, soit 12 fr. 75 centimes.

Total de la dépense $22,50 + 12,75$, ou 35 fr. 25 centimes.

Bénéfice $47,25 - 35,25$.

**Rép.** 12 francs.

**2982.** *Dans une église il y a 12 lustres, chaque lustre porte 18 bougies, chaque bougie vaut 15 centimes : quel est le prix de toutes ces bougies ?*

Nombre de bougies $12 \times 18$, soit 216.

Prix des bougies $216 \times 0,15$.

**Rép.** 32 fr. 40 centimes.

**2983.** *Combien gagne un marchand qui a acheté 4200 pêches à raison de 3 fr. 50 le cent, et qui les a vendues 45 centimes la douzaine ?*

Dans 4200 il y a 350 douzaines.

Prix d'achat $42 \times 3,5$, soit 147 francs.

Prix de vente $350 \times 0,45$, soit 157 fr. 50 centimes.

Bénéfice $157,5 - 147$.

**Rép.** 10 fr. 50 centimes.

**2984.** *Un sculpteur achète un tronc d'arbre 25 fr., il en fait une statue qui lui prend 18 jours de travail; pour l'embellir il dépense 9 fr. d'or et 2 fr. de couleur : combien aura-t-il gagné chacune des journées de travail s'il vend la statue 180 fr. ?*

Dépenses $25 + 9 + 2$, soit 36 francs.

Prix du travail $180 - 36$, ou 144 francs.

Gain de la journée 144 : 18.

**Rép.** 8 francs.

**2985.** *Un service de table se compose d'une cuiller qui vaut 4 fr., d'une fourchette de 2 fr. 50, et d'une timbale du prix de 2 fr. 75 : combien coûteront 24 services ?*

Prix d'un service    4 + 2,50 + 2,75, ou 9 fr. 25 centimes.
Prix de 24 services 9,25 × 24.

**Rép.** 222 francs.

**2986.** *Un service de table pour un élève pensionnaire comprend une cuiller de 3 fr. 75, une fourchette de 2 fr. 25, une timbale de 3 fr. 75, et un couteau de 0 fr. 75 : combien aura-t-on de services pour 504 fr. ?*

Prix d'un service 3,75 + 2,25 + 3,75 + 0,75, ou 10 fr. 50 cent.
On aura donc 504 : 10,50.

**Rép.** 48 services.

**2987.** *On échange 9 tonneaux de vin vieux contre 13 tonneaux de vin nouveau : quelle est la valeur du tonneau de vin vieux, si un tonneau de vin nouveau est estimé 126 fr. ?*

Prix du vin nouveau 126 × 13, soit 1 638 francs.
Prix du tonneau de vin vieux 1 638 : 9.

**Rép.** 182 francs.

**2988.** *On donne 36 chaises à 8 fr. 50 contre 15 fauteuils et 7 fr. 50 d'argent : quel est le prix d'un fauteuil ?*

Prix des chaises 36 × 8,5, soit 306 francs.
Prix des fauteuils 306 — 7,50, soit 298 fr. 50 centimes.
Prix d'un fauteuil 298,50 : 15.

**Rép.** 19 fr. 90 centimes.

**2989.** *On échange 36 mètres de drap contre 16 mètres de velours soie à 27 fr. le mètre, et 18 fr. : quel est le prix d'un mètre de drap ?*

Prix du velours 16 × 27, soit 432 francs.
   «     drap 432 + 18, soit 450 francs.
   «     mètre de drap 450 : 36.

**Rép.** 12 fr. 50 centimes.

**2990.** *Lorsque 2 paires de souliers valent autant que 3 mètres de velours à 8 fr. 50 le mètre, combien valent 17 paires de souliers ?*

Prix du velours 8,50 × 3, soit 25 fr. 50 centimes.
   «     d'une paire de souliers 25,5 : 2, ou 12 fr. 75 centimes.
   «     de 17 paires 12,75 × 17.

**Rép.** 216 fr. 75 centimes.

**2991.** *Lorsque 3 paires de gants valent autant que 2 mètres de toile à 2 fr. 25 le mètre, combien aura-t-on de paires de gants pour 31 fr. 50?*

Prix de la toile 2 × 2,25, soit 4 fr. 50 centimes.
Prix d'une paire de gants 4,50 : 3, ou 1 fr. 50 centimes.
On aura donc 31,50 : 1,50.

**Rép.** 21 paires de gants.

**2992.** *On achète un cheval 1050 fr.; après deux ans on le revend avec un bénéfice de 12 pour cent : quelle somme a-t-on retirée?*

Dans 1050 fr. il y a 10,5 fois 100 francs.
Le bénéfice est donc 10,5 × 12, ou 126 francs.
La somme retirée est 1050 + 126.

**Rép.** 1176 francs.

**2993.** *On achète une voiture 750 fr.; après six mois on la revend avec une perte de 8 fr. pour cent : quelle somme a-t-on retirée de la vente, et combien a-t-on perdu sur le prix d'achat?*

Dans 750 fr. il y a 7,5 fois 100 francs.
La perte est 7,5 × 8.

**Rép.** 60 francs.

La somme retirée est 750 — 60.

**Rép.** 690 francs.

**2994.** *La fortune d'un commerçant s'augmente chaque année du quart de sa valeur : quelle sera, après 5 ans, la fortune de ce commerçant si elle est aujourd'hui de 24000 fr. ?*

Le quart de 24000 est 6000.
Après un an la fortune sera 24000 + 6000, ou 30000 francs.
Le quart de 30000 est 30000 : 4, ou 7500.
Après 2 ans elle sera 30000 + 7500, ou 37500 francs.
Le quart de 37500 est 9375.
Après 3 ans elle sera 37500 + 9375, ou 46875 francs.
Le quart de 46875 est 11718,75.
Après 4 ans elle sera 46875 + 11718,75, ou 58593 fr. 75 cent.
Le quart de 58593,75 est 14648,4375.
Après 5 ans elle sera 58593,75 + 14648,4375.

**Rép.** 73242 fr. 1875.

**2995.** *La fortune d'un négociant diminue chaque année du cinquième de sa valeur; aujourd'hui elle est de 60000 fr. : de combien aura-t-elle diminué dans 3 ans?*

Le cinquième de 60000 est 60000 : 5, ou 12000 francs.
Après un an la fortune sera 60000 — 12000, ou 48000 francs.

Le cinquième de 48000 est 9600.

Après 2 ans elle sera 48000 — 9600, ou 38400 francs.

Le cinquième de 38400 est 7680.

Après 3 ans elle sera 38400 — 7680, ou 30720 francs.

La diminution sera 60000 — 30720

**Rép.** 29280 francs.

**2996.** *Combien y a-t-il de minutes du dimanche à 2 heures du soir au mardi à 8 heures 15 minutes du matin?*

De 2 heures du soir le dimanche, à 8 heures du matin le lundi, il y a 18 heures, soit $18 \times 60$, ou 1080 minutes.

Du lundi à 8 heures du matin, au mardi, à la même heure, il y a 24 heures.

24 heures contiennent $24 \times 60$, ou 1440 minutes.

Il y aura donc $1080 + 1440 + 15$.

**Rép.** 2535 minutes.

**2997.** *Combien y a-t-il de secondes du jeudi à 10 heures et demie du matin au vendredi à 2 heures 45 minutes du soir?*

De jeudi à 10 heures et demie du matin à vendredi à 2 heures et demie du soir il y a 28 heures.

Les 28 heures font $28 \times 60$, soit 1680 minutes.

De 2 heures et demie ou 2 heures 30 minutes, à 2 heures 45 minutes il y a $45 — 30$, ou 15 minutes.

En tout il y a donc $1680 + 15$, ou 1695 minutes.

Nombre de secondes $1695 \times 60$.

**Rép.** 101700 secondes.

**2998.** *Un marchand de chevaux en vend 79 pour 65000 fr. et fait un bénéfice total de 2985 fr. : combien chaque cheval lui avait-il coûté?*

Prix d'achat des chevaux $65000 — 2985$, ou 62015 francs.

Prix d'un cheval $62015 : 79$.

**Rép.** 785 francs.

**2999.** *Un marchand vend 75 moutons qui lui coûtaient 1575 fr.; à ce marché il gagne 8 fr. pour cent : quel a été le prix de vente d'un mouton?*

Dans 1575 fr. il y a 15,75 fois 100 francs.

Le bénéfice est donc $15,75 \times 8$, ou 126 francs.

Prix de vente des moutons $1575 + 126$, soit 1701 francs.

Prix de vente d'un mouton $1701 : 75$.

**Rép.** 22 fr. 68 centimes.

**3000.** *Une école a 6 classes, chaque classe renferme 8 tables, et chaque table coûte 54 fr. : quel sera le poids de la somme* *d'argent nécessaire pour payer toutes ces tables si 200 francs en monnaie d'argent pèsent 1 kilog. ?*

Nombre de tables 8 × 6, ou 48 tables.
Prix des tables 48 × 54, ou 2592 francs.
1 kilogramme vaut 1000 grammes.
Poids d'un franc 1000 : 200, soit 5 grammes.
Poids demandé 2592 × 5.

**Rép.** 12960 grammes.

**3001.** *Pour faire du laiton (cuivre jaune), on fond ensemble 2 kilog. de cuivre rouge et 1 kilog. de zinc : combien y a-t-il de grammes de cuivre et de zinc dans un clairon qui pèse 726 grammes ?*

Dans 3 grammes de laiton il y a 2 grammes de cuivre et 1 gramme de zinc.
Dans 726 grammes il y a 242 fois 3 grammes.
Poids du zinc 242 grammes.

**Rép.** 242 grammes de zinc.

Poids du cuivre 242 × 2.

**Rép.** 484 grammes de cuivre.

**3002.** *Combien faut-il de kilog. de fer pour ferrer deux fois par mois, pendant un an, 124 chevaux, sachant qu'un fer pèse en moyenne 925 grammes ?*

On ferrera 12 × 2, ou 24 fois les chevaux.
Nombre de fers pour 1 cheval 4 × 24, ou 96 fers.
Fers pour tous les chevaux 96 × 124, soit 11904.
Poids des fers 11904 × 925.

**Rép.** 11011 kilogrammes 2.

**3003.** *Le barrage du Furens, près de Saint-Étienne, contient 1800000 mètres cubes d'eau : combien faudrait-il de jours pour le vider, s'il s'écoule 125 litres par seconde, sachant qu'un mètre cube contient 1000 litres ?*

Pour écouler un mètre cube il faut 1000 : 125, soit 8 secondes.
Pour écouler 1800000 il faudra 1800000 × 8, ou 14400000 sec.
Nombre de minutes   14400000 : 60, ou 240000.
  «     d'heures      240000 : 60, ou   4000.
  «     de jours        4000 : 24.

**Rép.** 166 jours 16 heures.

**3004.** *Trois associés se partagent à parts égales le bénéfice qu'ils ont fait; on demande quel est ce bénéfice, sachant que l'un d'eux, avec sa part, a pu acheter une maison qui lui coûte 9600 fr., et payer 125 mètres de toile à 2 fr. 15 le mètre ?*

Prix de la toile $125 \times 2,15$, soit 268 fr. 75 centimes.
Part du 1er $9600 + 268,75$, ou 9868 fr. 75 centimes.
Bénéfice total $9868,75 \times 3$.

**Rép.** 29 606 fr. 25 centimes.

**3005.** *On a vendu 29 bœufs à raison de 609 fr. la pièce, et l'on fait un bénéfice égal au prix de vente de 4 bœufs : quel était le prix d'achat d'un bœuf ?*

Prix de vente $609 \times 29$, ou 17661 francs.
Prix de quatre bœufs $609 \times 4$, ou 2436 francs.
Prix d'achat des bœufs $17661 - 2436$, ou 15 225 francs.
Prix d'un bœuf $15 225 : 29$.

**Rép.** 525 francs.

**3006.** *Quel est le montant de trois factures, sachant que la première est de 145 fr., que la seconde vaut 2 fois la première et encore 90 fr., et que la troisième vaut les trois quarts de la seconde ?*

Montant de la 2e    $145 \times 2 + 90$, soit 380 francs.
Le quart de 380 est 95.
Les 3 quarts sont 285.
Montant des factures $145 + 380 + 285$.

**Rép.** 810 francs.

**3007.** *Un libraire achète 840 volumes à raison de 58 fr. les 14, et il les vend à raison de 61 fr. les 12 : quel est son bénéfice total ?*

14 est contenu 60 fois dans 840.
Prix d'achat $60 \times 58$, soit 3480 francs.
12 est contenu 70 fois dans 840.
Prix de vente $70 \times 61$, soit 4270 francs.
Bénéfice $4270 - 3480$

**Rép.** 790 francs.

**3008.** *Un marchand achète des parapluies à raison de 22 fr. les 4, et il les revend à raison de 31 fr. les cinq ; à ce marché il gagne 20 fr. 30 : combien avait-il acheté de parapluies ?*

Prix d'achat d'un parapluie $22 : 4$, ou 5 fr. 50 centimes.
Prix de vente $31 : 5$, ou 6 fr. 20 centimes.
Bénéfice sur un parapluie $6,20 - 5,50$, soit 0 fr. 70 centimes.
Nombre de parapluies $20,30 : 0,70$.

**Rép.** 29 parapluies.

**3009.** *On achète 48 kilog. de groseilles à raison de 0 fr. 45 le kilog.; on y ajoute 25 kilog. de sucre à 1 fr. 45 le kilog., et l'on obtient ainsi 84 pots de gelée que l'on vend 1 fr. 65 le pot : combien gagnera-t-on si chaque pot vide coûte 15 centimes ?*

Prix des groseilles     $48 \times 0,45$, soit   21 fr. 60
  «   du sucre            $25 \times 1,45$,   «    36 fr. 25
  «   des pots vides      $84 \times 0,15$,   «    12 fr. 60

          Dépense totale. . . . .    70 fr. 45
Prix de vente $84 \times 1,65$, ou 138 fr. 60 centimes.
Bénéfice 138,60 — 70,45.

**Rép.** 68 fr. 15 centimes.

**3010.** *On achète 525 coings à raison de 4 centimes la pièce;
on les soumet au pressoir et l'on ajoute au jus 48 kilog. de sucre
à 1 fr. 45 le kilog.; on en retire 84 litres d'eau de coings :
combien doit-on vendre le litre pour gagner en tout 56 fr. 40?*

Prix des coings     $525 \times 0,04$, soit 21 fr.
  «   du sucre       $48 \times 1,45$,   «   69 fr. 60
Bénéfice à réaliser. . . . . . . . . . . .    56 fr. 40

          Prix de vente. . . . . . . .   147 francs.
Prix du litre 147 : 84.

**Rép.** 1 fr. 75 centimes.

**3011.** *Un brocanteur achète des chaises qu'il croit antiques
et les paye 15 fr. les 2; il s'aperçoit qu'elles sont modernes, et il
ne peut les revendre qu'à raison de 17 fr. les 4; à ce marché il
perd 39 fr. : combien avait-il acheté de chaises ?*

Prix d'achat d'une chaise 15 : 2, soit 7 fr. 50 centimes.
Prix de vente           17 : 4,   «   4 fr. 25 centimes.
Perte sur une chaise 7,50 — 4,25, ou  3 fr. 25 centimes.
Nombre de chaises 39 : 3,25.

**Rép.** 12 chaises.

**3012.** *Un particulier loue un étang 225 fr. par an; après
3 ans il en fait la pêche et retire 1 820 carpes, qu'il vend 2 fr.
les cinq, 1 540 tanches qu'il vend 4 fr. les sept, 48 brochets qu'il
vend 2 fr. les trois, et 28 anguilles qu'il vend 1 fr. 50 chacune :
quel a été son bénéfice annuel s'il a payé 145 fr. pour faire pê-
cher l'étang ?*

Prix du loyer     $225 \times 3$, soit   675 francs.
Dépense pour la pêche. . . . . . . .   145 francs.

          Dépense totale. . . . . . .   820 francs.
Dans 1 820 il y a 364 fois 5.
Prix des carpes $364 \times 2$, ou 728 francs.
Dans 1 540 il y a 220 fois 7.
Prix des tanches $220 \times 4$, ou 880 francs.
Dans 48 il y a 16 fois 3.
Prix des brochets $16 \times 2$, ou 32 francs.

Prix des anguilles 28 × 1,50, ou 42 francs.
Argent retiré 728 + 880 + 32 + 42, soit 1 682 francs.
Bénéfice total 1 682 — 820, ou 862 francs.
Bénéfice annuel 862 : 3.

**Rép.** 287 fr. 33 centimes.

**3013.** *Un marchand achète 180 mètres de toile de coton à raison de 90 centimes le mètre, il en fait confectionner 108 caleçons, pour la façon desquels il paye 54 fr. : combien doit-il vendre chaque caleçon pour gagner en tout 48 fr. 60 ?*

Prix d'achat  180 × 0,90, ou  162 fr.
Confection....................  54 fr.
Bénéfice à réaliser.........  48 fr. 60

     Prix de vente......  264 fr. 60
Prix d'un caleçon 264,60 : 108.

**Rép.** 2 fr. 45 centimes.

**3014.** *Un bassin renferme 23100 litres d'eau, un robinet en laisse écouler 84 litres par minute; mais une petite fontaine verse dans le bassin 7 litres dans le même temps. On demande dans combien d'heures le bassin sera entièrement vidé.*

Par minute le bassin diminue de 84 — 7, ou 77 litres.
Nombre de minutes  23100 : 77, soit 300.
Nombre d'heures 300 : 60.

**Rép.** 5 heures.

**3015.** *Pour carreler un appartement on a employé 6912 carreaux en mosaïque : combien a coûté le travail s'il faut 64 carreaux pour faire 1 mètre carré, et que le mètre carré coûte 7 fr. 50 d'achat et 2 fr. 25 de pose ?*

6912 contient 108 fois 64; il y a donc 108 mètres carrés.
Prix du mètre carré 7,50 + 2,25, ou 9 fr. 75 centimes.
Le travail a coûté 108 × 9,75.

**Rép.** 1053 francs.

**3016.** *Pour parqueter un salon un menuisier a fourni 3956 petites planches en chêne : dire quelle somme coûte le parquet, s'il faut 92 petites planches pour parqueter 3 mètres carrés, et que le mètre carré revient à 12 fr. 50 tout posé ?*

3956 contient 43 fois 92.
Nombre de mètres carrés 43 × 3, ou 129.
Dépense totale 129 × 12,5.

**Rép.** 1612 fr. 50 centimes.

**3017.** *Un libraire achète 390 volumes à raison de 58 fr. 50 les treize : combien doit-il vendre chaque volume pour gagner 26 pour cent sur le prix d'achat ?*

390 contient 30 fois 13.
Prix d'achat 58,50 × 30, ou 1 755 francs.
Dans 1 755 fr. il y a 17,55 fois 100 fr.
Bénéfice 17,55 × 26, ou 456 fr. 30 centimes.
Prix de vente 1 755 + 456,30, soit 2 211 fr. 30 centimes.
On doit vendre le volume 2 211,30 : 390.

**Rép.** 5 fr. 67 centimes.

**3018.** *Lorsque 8 kilogrammes de farine donnent 11 kilo-grammes de pain qu'on vend 35 centimes le kilogramme, quelle sera la valeur du pain qu'on pourra faire avec 1 640 kilogrammes de farine ?*

1 640 kilog. contient 205 fois 8 kilog.
Nombre de kilogrammes de pain 205 × 11, soit 2 255 kilog.
Valeur du pain 2 255 × 0,35.

**Rép.** 789 fr. 25 centimes.

**3019.** *Lorsque 8 kilog. de blé donnent 7 kilog. de farine et 1 kilog. de son, quel est le poids de farine et de son que donne-ront 18 sacs de blé pesant chacun 52 kilogrammes ?*

Poids du blé    52 × 18, ou 936 kilogrammes.
936 kilog. contient 117 fois 8 kilog.
Poids du son 117 kilogrammes.

**Rép.** 117 kilogrammes.

Poids de la farine 117 × 7.

**Rép.** 819 kilogrammes.

**3020.** *Un jardinier apporte au marché 1 200 artichauts, il vend le premier tiers à raison de 10 fr. 50 le cent, le second à raison de 9 fr. 50 le cent; quant au reste, il le vend à raison de 12 centimes l'artichaut : quelle somme a-t-il retirée de sa vente ?*

Le tiers de 1 200 est 400.

| | | | | |
|---|---|---|---|---|
| Vente du 1er tiers | 10,5 × 4, | ou | 42 francs. |
| «        2e        « | 9,5 × 4, | ou | 38 francs. |
| «        3e        « | 0,12 × 400, | ou | 48 francs. |

Somme retirée ......... 128 francs.

**Rép.** 128 francs.

**3021.** *Un cheval mange par jour 3 litres d'avoine à raison de 12 centimes le litre, et 4 bottes de foin du prix de 40 centimes la botte : dire combien coûte la nourriture de 5 chevaux pendant 17 semaines.*

17 semaines font 17 × 7, ou 119 jours.

Prix de l'avoine pour un cheval   3 × 0,12, ou   0 fr. 36
«   du foin              «            4 × 0,40, ou   1 fr. 60

Dépense pour un cheval ......... 1 fr. 96
Dépense pour 5 chevaux 1,96 × 5, ou 9 fr. 80 centimes.
Dépense totale 9,80 × 119.

**Rép.** 1 166 fr. 20 centimes.

4*

**3022.** *Un particulier achète un cheval 1400 fr., et une voiture 1100 fr., il revend l'un et l'autre, gagne 9 pour cent sur le cheval, et perd 6 pour cent sur la voiture : quel bénéfice a-t-il réalisé ?*

1400 contient 14 fois 100.
1100   «   11   «   100.
Bénéfice sur le cheval   $14 \times 9$, soit   126 francs.
Perte sur la voiture   $11 \times 6$,   «   66 francs.
Bénéfice réalisé   126 + 66.

**Rép.** 60 francs.

**3023.** *Une pierre de taille du poids de 5750 kilog. est estimée à raison de 2 fr. 80 les 100 kilog., mais une veine qu'elle a lui fait perdre 15 pour cent de sa valeur : combien vaut alors la pierre ?*

5750 contient 57,5 fois 100.
Prix de la pierre   $57,5 \times 2,80$, soit   161 francs.
Perte   $1,61 \times 15$,   «   24 fr. 15 centimes
Valeur de la pierre   161 — 24,15

**Rép.** 136 fr. 85 centimes.

**3024.** *Un marchand achète 630 litres de vin qui lui coûtent 300 fr., il y met 10 litres d'eau-de-vie du prix de 1 fr. 50 le litre : combien doit-il vendre le litre de mélange pour gagner 15 pour cent ?*

Prix d'achat du vin . . . . . . . . . . . . . .   300 francs.
Prix de l'eau-de-vie $10 \times 1,50$, soit   15 francs.

Prix de revient . . . . . . . . . . . . . . . . . .   315 francs.
Bénéfice à réaliser $3,15 \times 15$, ou 47 fr. 25 centimes.
Prix de vente 315 + 47,25, soit 362 fr. 25 centimes.
Nombre de litres 630 + 10, ou 640.
Prix de vente du litre 362,25 : 640.

**Rép.** 0 fr. 566.

**3025.** *Que doit-on payer pour 12600 rails, sachant que chaque rail pèse 250 kilog., et que l'on paye le tout à raison de 178 fr. 50 les 1000 kilog. ?*

Poids des rails $12600 \times 250$, soit 3150000 kilogrammes.
Nombre de milliers de kilogrammes 3150.
On doit payer $3150 \times 178,50$.

**Rép.** 562275 francs.

**3026.** *Pour creuser un puits on a tiré 17 mètres cubes de terre : dire ce que l'on a déboursé, sachant que le premier mètre a coûté 1 fr., le deuxième 1 fr. 50, le troisième 2 fr., et ainsi de suite, en augmentant le prix de 50 centimes par mètre ?*

Le prix sera la somme des nombres :

$$1 + 1,50 + 2 + 2,50 + 3 + 3,50 + 4 + 4,50 + 5 + 5,50$$
$$+ 6 + 6,50 + 7 + 7,50 + 8 + 8,50 + 9.$$

**Rép.** 85 francs.

**3027.** *S'il faut 77 litres de lait pour donner 3 kilog. de beurre que l'on vend 2 fr. 45 le kilog., quelle quantité de lait faudra-t-il pour qu'on puisse faire pour 36 fr. 75 de beurre ?*

Prix de 3 kilogrammes de beurre $2,45 \times 3$, ou 7 fr. 35 cent. 36 fr. 75 contient 5 fois 7 fr. 35.
Il faudra donc 5 fois 77 litres.

**Rép.** 385 litres.

**3028.** *Pour obtenir 1 mètre cube de mortier, il faut pour 6 fr. 40 de chaux et pour 75 centimes de sable : combien aura-t-on de mètres cubes de mortier pour 530 fr. 70, si l'on paye 2 fr. par mètre cube pour la fabrication ?*

Prix du mètre cube $6,40 + 0,75 + 2$, soit 9 fr. 15 centimes.
Autant de fois 9 fr. 15 seront contenus dans 530 fr. 70, autant on aura de mètres cubes  $530,70 : 9,15$.

**Rép.** 58 mètres cubes.

**3029.** *Un mètre cube de houille pris à la mine coûte 19 fr. et pèse 1 200 kilog.; on la vend 2 fr. 15 l'hectolitre pesant 84 kilog. : on demande ce que l'on gagnera sur la vente de 14 mètres cubes.*

14 mètres cubes pèsent $1\,200 \times 14$, soit 16 800 kilogrammes.
Nombre d'hectolitres $16\,800 : 84$, ou 200 hectolitres.
Prix de vente  $2,15 \times 200$, soit   430 francs.
   « d'achat       $19 \times 14$,   «    266 francs.
Bénéfice   $430 - 266$

**Rép.** 164 francs.

**3030.** *Un mètre cube de houille coûte 26 fr. 5 et pèse 1 258 kilog.; on la vend 3 fr. 20 l'hectolitre pesant 85 kilog. : on demande ce que l'on gagnera sur la vente de 222 hectolitres.*

Dans 1 258 kilogrammes il y a  $1\,258 : 85$, soit 14,8 hectolitres.
Autant de fois 14,8 sera contenu dans 222, autant de mètres cubes on aura vendus $222 : 14,8$, soit 15 mètres cubes.
Prix de vente  $222 \times 3,20$, soit   710 fr. 40 centimes.
   « d'achat       $15 \times 26,5$,   «    397 fr. 50 centimes.
Bénéfice   $710,40 - 397,50$

**Rép.** 312 fr. 90 centimes.

**3031.** *Pour cultiver un champ on a employé 120 fr. d'engrais et 36 journées de travail à 4 fr. 50; on a récolté 130 hectolitres de pommes de terre : combien doit-on vendre l'hectolitre si l'on veut gagner 140 fr. 50 centimes ?*

Prix de l'engrais................    120 francs.
   «   des journées   36 $\times$ 4,5 , soit   162 francs.
Bénéfice à réaliser..............    140 fr. 50
                                     —————
         Prix de vente........    422 fr. 50
On doit vendre l'hectolitre 422,5 : 130.
   **Rép.** 3 fr. 25 centimes.

**3032.** *Un litre de vin pèse 992 grammes, alors qu'un litre d'huile ne pèse que 915 grammes : combien pèserait un tonneau plein d'huile, sachant que ce tonneau plein de vin pèse 250 kilog., et que le poids du tonneau vide est de 26 kilog. 800?*

Poids du vin 250 — 26,800 , soit 223 kilog. 200.
Nombre de litres du tonneau 223,200 : 0,992 , ou 225 litres.
Poids de l'huile  225 $\times$ 0,915 , soit   205 kilog. 875
Poids du tonneau vide..........    26 kilog. 800
                                   —————
Poids demandé.................    232 kilog. 675
   **Rép.** 232 kilogrammes 675.

**3033.** *On sait que 15 kilog. de betteraves donnent 1 kilog. de sucre qu'on vend 1 fr. 35 : quelle sera la valeur du sucre qu'on retirera de 860 hectolitres de betteraves, si chaque hectolitre pèse 72 kilogrammes?*

Poids des betteraves 72 $\times$ 860 , **ou 61 920 kilogrammes.**
61 920 kilog. contiennent 4128 fois 15 kilog.
Poids du sucre 4128 kilogrammes.
Prix du sucre 4128 $\times$ 1,35.
   **Rép.** 5572 fr. 80 centimes.

**3034.** *Deux sacs pesant chacun 3 kilog. renferment l'un des pièces d'or, l'autre des pièces d'argent : combien le second contient-il de francs de moins que le premier, sachant qu'à poids égal la monnaie d'or vaut 15,5 fois plus que la monnaie d'argent?*

3 kilog. font 3000 grammes.
Valeur de ce poids en argent 3000 : 5 , soit 600 francs.
Valeur du sac d'or 600 $\times$ 15,5 , ou 9 300.
Différence  9 300 — 600
   **Rép.** 8 700 francs.

**3035.** *Quatre associés ont frété (loué) un navire 4800 fr. pour deux mois; ce navire a fait trois voyages à Odessa, sur la mer Noire, et a acheté chaque fois 5 200 sacs de blé au prix de 19 fr. 50. Quel a été le bénéfice de chaque associé, sachant que le blé a été vendu 20 fr. 75 le sac et que la dépense pour chaque voyage a été de 3625 fr.?*

Prix du blé  5 200 $\times$ 19,50 , soit   101 400 francs.
Autres dépenses...............    3625 francs.
                                  —————
    Total pour un voyage ....   105 025 francs.

Pour 3 voyages 105025 × 3, ou 315075.
Prix du fret 4800 francs.
Dépense générale pour 2 mois 315075 + 4800, soit 319875 fr.
Prix de vente du blé 5200 × 3 × 20,75, ou 323700 francs.
Bénéfice total 323700 — 319875, soit 3825 francs.
Bénéfice de chaque associé 3825 : 4.

**Rép.** 956 fr. 25 centimes.

**3036.** *Un particulier a loué le péage d'un pont suspendu 3100 fr. par an. Quel est son bénéfice journalier, s'il passe en moyenne, chaque mois, 3875 personnes et 745 voitures, sachant que les personnes payent 5 centimes par passage et les voitures 25 centimes? L'année sera comptée de 365 jours.*

Péage des personnes 3875 × 0,05, soit   193 fr. 75
    «        voitures       745 × 0,25,   «    186 fr. 25

                Total pour un mois.......   380 francs.
Total pour 12 mois    380 × 12, ou 4560 francs.
Bénéfice journalier 4560 : 365.

**Rép.** 12 fr. 49 centimes.

**3037.** *Un particulier achète la vendange d'un vigneron et la paye sur place 1045 fr.; pour la récolter il dépense 142 fr. Il retire de cette vendange 14 tonneaux de vin qu'il vend 89 fr. 75 le tonneau, et 840 litres de petit vin qu'on lui achète à raison de 17 fr. 50 l'hectolitre. Combien aura-t-il gagné?*

Prix d'achat......................   1045 francs.
Dépense pour récolter...........    142 francs.

              Total.......   1187 francs.
Vente du vin 89,75 × 14, ou 1256 fr. 50 centimes.
    «     petit vin 8,4 × 17,5, ou 147 francs.
Prix de vente 1256,50 + 147, soit 1403 fr. 50 centimes.
Bénéfice 1403,50 — 1187.

**Rép.** 216 fr. 50 centimes.

**3038.** *Un fermier a 6800 gerbes à battre; s'il se sert de fléaux il lui faut 6 ouvriers pendant 15 jours, à raison de 2 fr. par jour et leur nourriture, estimée 1 fr. 80; s'il emploie une machine à battre, il ne lui faut que 3 jours à raison de 95 fr. par jour. Combien épargne-t-il d'argent en faisant battre son blé à la machine?*

Dépense par le battage au fléau :
1 ouvrier coûte par jour 2 + 1,80, soit 3 fr. 80 centimes.
6 ouvriers coûteront par jour 3,80 × 6, ou 22 fr. 80 centimes.
Et en 15 jours   22,8 × 15, soit...............   342 francs.
Dépense par le battage à la machine 95 × 3, soit   285 francs.
Somme épargnée 342 — 285

**Rép.** 57 francs.

**3039.** *Une diligence conduit en moyenne 9 voyageurs par jour, à raison de 9 fr. 75 par voyageur. Quel bénéfice annuel fait le propriétaire de la diligence, s'il entretient 17 chevaux à 2 fr. 45 par jour, et qu'il paye 2 conducteurs à 5 fr. 25 par jour, 4 valets d'écurie à 2 fr. 25, 2 chefs de bureau à 1225 fr. chacun par an, et deux autres à 900 fr., et que les impôts et autres frais s'élèvent à 550 fr.?*

Produit par jour 9,75 × 9, soit 87 fr. 75 centimes.

«       par an 87,75 × 365, soit 32 028 fr. 75 centimes.

Dépense par année :

| | | |
|---|---|---|
| Chevaux | 17 × 2,45 × 365, soit | 15 202 fr. 25 |
| Conducteurs | 2 × 5,25 × 365, « | 3 832 fr. 50 |
| Valets d'écurie | 4 × 2,25 × 365, « | 3 285 fr. |
| Chefs de bureau | 2 × 1 225, « | 2 450 fr. |
| « | 2 × 900, | 1 800 fr. |
| Impôts et frais divers................ | | 550 fr. |
| | Total........... | 27 119 fr. 75 |

Bénéfice annuel 32 028,75 — 27 119,75.

**Rép.** 4 909 francs.


**3040.** *Un cultivateur et ses deux fils louent une ferme 950 fr. pour l'année. Ils dépensent en engrais 370 fr., en semailles 90 fr., en achat et réparations d'instruments 140 fr. Ils retirent de leur ferme 93 sacs de froment, qu'ils vendent 25 fr. le sac, et 16 chars de fourrage qu'on leur paye 31 fr. l'un. On demande à combien est estimée la journée de travail de chacun de ces trois hommes. On comptera dans l'année 305 jours de travail.*

Dépense annuelle 950 + 370 + 90 + 140, ou 1 550 francs.

Prix du blé       93 × 25, ou   2 325 francs.

«       fourrage 16 × 31, ou     496 francs.

En tout........   2 821 francs.

Bénéfice 2 821 — 1 550, soit 1 271 francs.

Prix de la journée 1 271 : 305, ou 4 fr. 16 centimes.

Prix pour un homme 4,16 : 3.

**Rép.** 1 fr. 38 centimes.


**3041.** *Un marchand va de Paris à Châlons, en Champagne, et achète 1 500 moutons à raison de 16 fr. 25 l'un; pour les amener à Paris il fait 6 bandes, et confie chacune d'elles à un conducteur. Le voyage dure 5 jours, et chaque conducteur dépense 25 fr. 75 par jour pour le troupeau, et 4 fr. 25 pour lui. Combien gagnera le marchand, sachant que 4 moutons sont morts en route, qu'il vend les autres 17 fr. 75 la pièce, qu'il donne 12 fr. à chaque conducteur pour gratification, et qu'il a pour 145 fr. de menus frais?*

Prix d'achat                    1500 × 16,25, soit    24375 francs
Dépense pour le troupeau        6 × 5 × 4,25       «      127 fr. 50
      «      des conducteurs    6 × 5 × 25,75,  «      772 fr. 50
Gratification                   6 × 12             «       72 fr.
Menus frais ...................... .......            145 fr.
                    Dépense totale ..........        25492 fr.
Prix de vente 1496 × 17,75, ou 26554 francs.
Bénéfice 26554 — 25492.
    **Rép. 1062 francs.**


FIN

# TABLE DES MATIÈRES

15520. — Tours, impr. Mame.